北陸の鉄道

私鉄・路面電車編【現役路線・廃止路線】

牧野和人 著

新武生行きの200形が併用軌道区間を行く。クリーム地に青帯を巻いた塗装は202 F 編成。昭和末期から平成期にかけて見られた福井鉄道の標準色であった。この塗装が採用される前、試験塗装のモデルとなった200形は 3 本の編成に全て異なる塗装が施された。◎福井鉄道福武線　本町通り〜公園口　1990（平成 2 ）年12月 6 日　撮影：安田就視

Contents

3章 富山県

冠雪の山を背に華やかなヘッドサインを掲出して走る列車は特急「アルペン特急」。担当する車両は16010形。もとは西武鉄道で特急に活躍した5000系「レッドアロー」だ。西武時代と変わらぬ塗色ながら、地鉄入線後は3両の身軽な編成となった。◎富山地方鉄道本線 浦山～栃屋 1991（平成3）年5月29日 撮影：安田就視

まえがき

　県庁所在地都市を軸に鉄道網を拡大していった北陸三県の私鉄。石川、富山県下では第二次世界大戦下、輸送力減退、不況に負けない資本力のある大きな会社を立ち上げるべく、地域の中小鉄道会社が集まり一つの会社としてまとまった。合併により関東、関西の大手私鉄に勝るとも劣らない広大な路線網が構築されると沿線住民、観光客の身近な交通機関として親しまれた。

　しかし、昭和中期の高度経済成長期に入ると、庶民の足は自動車、自家用車に傾く。その結果、賑わいをみせた電車道は多くが閑散路線となり廃止の運命を辿った。

　それでも鉄道を取り巻く情勢は変わり続けるものである。地球温暖化等への危機感から環境保護が叫ばれるようになった現在、鉄道が環境に優しい交通手段として見直されつつある。富山市内では軌道の延長、循環運転の復活等が断行され、路面電車は街の顔として復権を遂げた。

　成長を続ける今日の路線に敬意を払いつつ、小型電車がのんびりと走っていた時代を振り返っていただきたい。

2020（令和2）年2月　牧野和人

　5系等は不二越線の駅不二越近くの県道上から西へ進み、九頭竜川を渡った先の大学前までを結ぶ路線だった。山室線と呼ばれた中教院前〜不二越駅前間は1961（昭和36）年に開業。昭和末期に路面軌道網が整理される中で1984（昭和59）年に廃止された。
◎富山地方鉄富山市内軌道線　不二越駅前　1979（昭和54）年2月20日　撮影：安田就視

1章

福井県

JR路線が県内を横断する鉄道路線図にあって、福井市を中心に
県内の東部・南部は第三セクター会社のえちぜん鉄道、市の中心
部から武生に至る西部地域は福井鉄道が路線を営業している。

鯖江市の郊外で日野川を渡る80形。車体に広告を描かれた車両と急行塗装車の2両編成。広告車はパンタグラフを降ろした制
御車扱いで運転していた。在籍した4両全てが両運転台を備えていた頃の姿である。
◎福井鉄道福武線　家久〜上鯖江　1972 (昭和47) 年6月10日　撮影：安田就視

1930（昭和5）年の福井駅周辺

陸軍参謀本部陸地測量部発行「1/25000地形図」

福井城址を中心に広がる市街地には細い路地や辻が点在している。その様子は外からの侵入者を城内へ容易に寄せ付けない、明治以前に開かれた城下町の風情を色濃く残していた。幅の広い道路はまだ整備されておらず、福武線は足羽川手前の福井新で途切れていた。

1958（昭和33）年の福井駅周辺

建設省国土地理院発行「1/25000地形図」

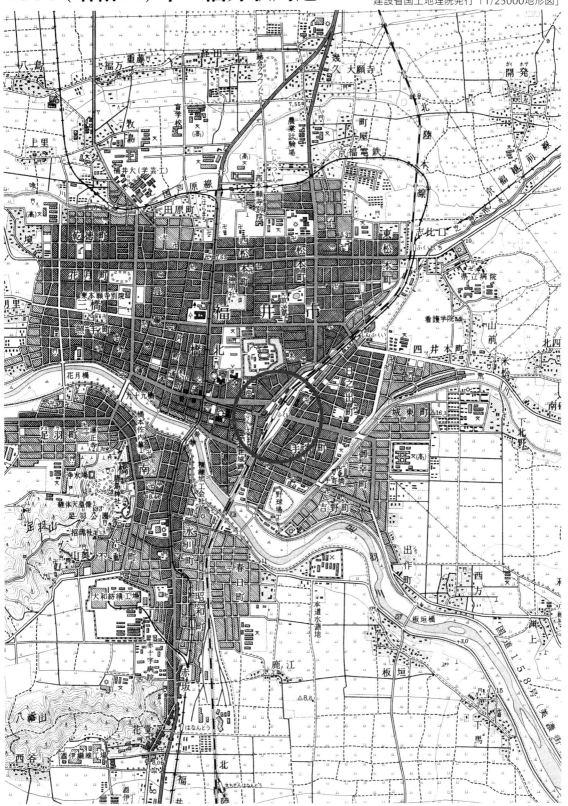

市街地を東西南北に横切る幹線道路が何本も通り、碁目のような街並みをかたちづくっている。福武線は大通りを縦断して田原町まで至り、旧国鉄福井駅前までの支線も開業していた。鉄道を隔てた市内東側は依然として田畑が多く、越前本線は長閑な風景の中を勝山方面へ延びていた。

えちぜん鉄道 勝山永平寺線

恐竜で注目される九頭竜川流域の街へ

路線DATA

起点：福井	
終点：勝山	
路線距離：27.8km	
開業：1914（大正3）年2月11日	

　北陸本線福井に隣接する福井と県北東部に位置する勝山市内の勝山を結ぶ。

　福井県で電源開発事業を行っていた京都電燈が大正期に新福井〜市荒川（現・越前竹原）間を越前電気鉄道として開業したのが路線の始まり。福井県では初の電化路線だった。後に大野三番（後の京福大野）まで延伸されて電車道が二つの城下町を結んだ。昭和期に入って福井〜新福井間が開業し、国鉄線との乗り換えが至便になる。こうして現有路線の骨格は完成したが、京都電燈は第二次世界大戦下の配電統制令を受けて解散。同社の鉄軌道事業は京都に自社路線を持つ京福電気鉄道の福井支社が引き継いで、路線名は越前本線となった。

　昭和30年代に入ると国鉄が越美北線を開業。福井〜大野間では競合するかたちとなり客足は国鉄線に流れた。また、同時期に交通手段として台頭を始めた自動車の出現も業績の低下に拍車をかけた。合理化策の一つとして勝山〜京福大野間を1974（昭和49）年に廃止した。

　厳しい状況下で存続してきた越前本線だったが、2000（平成12）年から2001年にかけての半年間の間に列車同士の衝突事故が2件発生。国土交通省中部運輸局から全線の運行休止とバス代行の命令が下された。その後えちぜん鉄道により2003（平成15）年から勝山永平寺線として営業を再開した。

　北陸本線の駅と隣接する福井を出た列車はしばらくJR線と並行し、福井口より大きく右手に曲がる。九頭竜川の畔近くに出ると国道と共に川筋を遡って進む。途中の永平寺口構内は廃線となった永平寺線と交差する線形だった。川と丘陵に挟まれて車窓は徐々に山里の様相となる。水田と森影の間を走り、市街地とは九頭竜川を隔てた遅羽町比島地区にある終点勝山に到着する。

朝のひと時。新福井駅に停車したホクハ31の周りは乗降客で賑わっていた。窓周りが個性的な小型車はもと阪神の861形。取手が付いた細長い正面貫通扉の形状から愛好家等の間では「喫茶店」と呼ばれていた。車体側面にも特徴の一つだった明り採り窓が残る。◎京福電気鉄道越前本線　新福井　1967（昭和42）年5月23日　撮影：荻原二郎

北陸本線が並行する京福越前本線の起点付近を行くテキ511形。もとは信越本線の碓井峠で活躍したアプト式電気機関車の10000形（後のEC40）である。旧・国鉄で廃車となった後、1942（昭和17）年に2両が京福電気鉄道へ譲渡され、貨物列車の牽引等に用いられた。
◎京福電気鉄道越前本線 新福井　1967（昭和42）年9月11日
撮影：荻原二郎

乗客が待つ東古市（現・永平寺口）に停車したモハ251形。1957（昭和32）年に福井口車庫で発生した火災により焼失したホデハ11形等の台車、機器等を流用して製造された正面窓はゴム化される前の原形。側面窓にスタンディングウインドウを備えていた。◎京福電気鉄道越前本線　東古市　1958（昭和33）年8月10日　撮影：荻原二郎

越前本線に三国芦原線の列車が乗り入れる福井口駅に3両編成の電車が入って来た。まん中の1両はパンタグラフを降ろし、付随車の扱いとなっているようだ。先頭のホデハ224は昭和5年に田中車輛で製造された旧・越前電気鉄道の車両だ。
◎京福電気鉄道越前本線　福井口　1974（昭和49）年5月6日
撮影：荻原二郎

越前本線（現・勝山永平寺線）かつての終点駅越前大野。鉄筋コンクリート造の駅ビル。その下に延びるホームは一部が延長されていた。ホームに停まる前面3枚窓の電車はホデハ221形とホデハ231形。いずれも京福電鉄の前身である京都電燈が発注した戦前派の車両だ。◎京福電気鉄道越前本線　京福大野　1962（昭和37）年5月27日　撮影：荻原二郎

越前本線時代の終点駅京福大野で並んだ電車3本。当駅には頭端ホームの向う側に駅舎があった。お椀型のベンチレーターを備える中央の古豪車はホデハ11形。三国芦原電鉄が1928（昭和3）年に日本車輌製造（現・日本車両）で製造した。当時、日車が地方私鉄向けに製造していた標準車体を備えていた。
◎京福電気鉄道越前本線　京福大野　1973（昭和48）年8月29日　撮影：安田就視

勝山に入線するモハ2101形。元は南海の1201形を譲渡されたモハ2001形である。老朽化に伴い、昭和50～60年代にかけて阪神5231形の車体に載せ換えて誕生した派生形式だ。最初は片運転台車だったが、京福電鉄時代に2111号車以降の6両が両運転台化改造を受けた。◎京福電気鉄道越前本線　勝山　2000（平成12）年10月30日　撮影：安田就視

1956（昭和31）年竣工の京福大野駅舎。鉄筋コンクリート造の2階建てで、上階には京福電鉄の子会社だった大野交通（現・福井交通）の事務所が入っていた。末期には2階でスーパーマーケットが営業していた。建物は現在、銀行の出張所になっている。◎京福電気鉄越前本線　京福大野　1973（昭和48）年8月29日　撮影：安田就視

九頭竜川に沿って走る3007。元の車両は南海の11001系である。車体が更新化改造を受ける前の姿で、大型の前照灯や中央に向かって僅かに絞られた前面の表情等、譲渡前に所属していた南海旧型車の面影を残していた。
◎京福電気鉄道越前本線　保田〜小舟渡　1980（昭和55）年9月11日　撮影：安田就視

越前本線（現・勝山永平寺線）と永平寺線の線路が絡み合い複雑な線形を編み出していた東古市（現・永平寺口）界隈。永平寺線上の車両はモハ3001形。もと南海の11001系である。3307、3008の2両が京福譲渡後に前面非貫通形に改造された。
◎京福電気鉄道越前本線　東古市　1984（昭和59）年6月　撮影：安田就視

車体を更新された3001形が電動車2両の編成で借り入れの進む水田の中を行く。前面2枚窓の湘南顔は種車となった南海で昭和30年代に製造された車両で多く見られた仕様。しかし前面の傾斜具合等、大手私鉄の車両とは微妙に異なるデザインである。◎京福電気鉄道越前本線　越前野中～山王　1980（昭和55）年9月11日　撮影：安田就視

福井県嶺北地方の銘品越前蕎麦。県下の田園部ではソバの栽培が盛んだ。涼しくなった風を受けて花が一斉に開いた。白い絨毯のような畑を車窓に見て、単行の電車が軽快に駆けて行った。毎年繰り広げられる風物詩的光景は車両が代替わりしても変わらない。◎京福電気鉄道越前本線　保田～発坂　2000（平成12）年10月30日　撮影：安田就視

えちぜん鉄道 三国芦原線

温泉街から港町へ線路は続く

路線DATA

起点：福井口

終点：三国港

路線距離：25.2km

開業：1928（昭和3）年12月30日

　勝山永平寺線の福井口と北前船就航時からの港町として知られる坂井市三国町の三国港を結ぶ電化路線である。

　三国芦原電鉄が昭和初期に福井口〜芦原（現・あわら湯のまち）、芦原〜三国町（現・三国）間を開業した。また同時期に海岸線として電車三国〜東尋坊口間も開業した。三国芦原電鉄は京福電気鉄道と合併し、路線は同社の三国芦原線となった。その後第二次世界大戦下で海岸線は不要不急路線に指定されて営業を休止。戦後も再開されることはなく、1967（昭和42）年に廃止が承認された。一方国鉄三国線の末端区間であった三国〜三国港間は戦時下に営業権を京福電気鉄道へ移譲した。同区間は架線電圧600Ｖで直流電化され、三国芦原線の電車が乗り入れるようになった。

　福井市内から芦原温泉へ直行する列車として重宝された路線だったが、越前本線（現・勝山永平寺線）で二度に亘って起こった列車同士の衝突事故に対して2001（平成13）年国土交通省中部運輸局から出された全線運行休止の命令を受けて本路線も休止することとなった。その後えちぜん鉄道により2003年から営業を再開した。

　路線内を走る列車の多くは勝山永平寺線の福井を起終点としている。また2016年から田原町を介して福井鉄道福武線との相互直通運転を行っている。

　福井口を出て北陸本線を跨いだ列車は沿線に住宅が建ち並ぶ市街地北部を駆け抜ける。福井鉄道との連絡線がある田原町では路面電車タイプの電車と顔を合わせ、福大前西福井では大きなビルの直下に設けられたホームに停まる。福井市の郊外部へ出ると北陸本線から西側に2〜3km離れた田園の中を走り芦原温泉郷へ向かう。あわら湯のまちは温泉街の最寄り駅。ここから先で列車は海岸部を目指して西へ進み、九頭竜川の河口付近に開けた三国町内の終点三国港に至る。

第二次世界大戦下で不要不急路線の指定を受けて営業を休止し、そのまま廃止となった電車三国〜東尋坊間に残る橋脚跡の間を通り抜けた福井行きの電車。2両編成の後ろにはパンタグラフを降ろしたホデハ11形が連結されていた。1928（昭和3）年に日本車輌製造（現・日本車両）が製造したもと三国芦原電鉄の車両だ。
◎京福電気鉄道三国芦原線　三国　1967（昭和42）年5月23日　撮影：荻原二郎

三国港行きの列車が構内を出て行った。後ろには蒲鉾のような断面形状のホサハ61形がぶら下がっていた。3扉車ながら戦後の大量輸送を支えた旧・国鉄の63系電車を彷彿とさせる付随車は1948（昭和23）年製。大阪府堺市の帝國車輛工業が製造した。◎京福電気鉄道三国芦原線　西長田　1967（昭和42）年2月12日　撮影：荻原二郎

港町三国の終点駅三国港のホームに佇むモハ1000形。折り返し運転で福井行きの行先表示板を掲出して発車時刻を待つ。同車は1948（昭和23）年に発生した福井地震で被災、廃車となった電車の代替として日本車輛製造が手掛けた自社発注車だった。モハ1002は1981（昭和56）年まで使用された。
◎京福電気鉄道三国芦原線　三国港　1957（昭和32）年8月28日　撮影：荻原二郎

三国芦原線の終点駅三国港。家屋の建つ丘の下に木造駅舎がある。構内は広く、単行の電車が使うには長いホームが設置されている。もとは旧・国鉄三国線の終点であり、付近の港に着く船舶との間で貨物の授受が行われていた。側線が並ぶ構内は貨物輸送華やかりし頃の名残だ。◎京福電気鉄道三国芦原線　三国港　2000（平成12）年10月29日　撮影：安田就視

川辺は芽吹きの様子。湘南顔に春の日差しを一杯に浴び3007号車が九頭竜川を渡って行った。床下に収まる台車、機器は近代型車両に比べて重厚な面持ちだ。青空の下にクリーム地に小豆色の帯を巻いた京福塗装が映えた。
◎京福電気鉄道三国芦原線　中角〜新田塚　1981（昭和56）年５月20日　撮影：安田就視

北陸本線丸岡駅の西側で兵庫川が流れる春江町界隈には広々とした水田が広がる。薫風に早苗が揺れる中、水面に影を落として２両編成の旧型電車がのんびりと駆けて行った。長閑な眺めは芦原温泉街の手前まで続く。◎京福電鉄三国芦原線　西長田〜下兵庫　1981（昭和56）年５月20日　撮影：安田就視

県道との交差点を広い踏切で渡る。画面左手には福井鉄
道福武線との連絡駅田原町がある。モハ251形はホデハ
11等旧型車の台車、機器に日車標準車体と呼ばれる地方私
鉄向けの15m級車体を組み合わせて誕生した形式である。
◎京福電気鉄道三国芦原線　西別院〜田原町　1990（平成
2）年12月8日　撮影：安田就視

福井鉄道 福武線

鉄道線と軌道線を直通運転

路線DATA

起点：越前武生	（支線：福井城址大名町）
終点：田原町	（支線：福井駅停留場）
路線距離：20.9km	（支線：0.6km）
開業：1924（大正13）年2月23日	

　越前市内の越前武生と福井市内の田原町を結ぶ。市街地は併用軌道となっている。また途中の福井城址大名町から北陸本線福井にほど近い福井駅まで700mの軌道が延びている。

　大正末期に福武電気鉄道が武生新（現・越前武生）〜兵営（現・神明）、兵営〜福井市間を開業した。福井市駅は現在の鉄軌分界点付近に設置された。1933（昭和8）年に福井市を福井新（現・赤十字前）と改称して移設し、福井新〜福井駅前間が一部を軌道線として延伸開業した。

　本町通り（2002年廃止）以北となる田原町までの区間は福井鉄道成立後の1950（昭和25）年に開業した。同区間の延伸に際し福井駅前への分岐点は本町通りから市役所前（現・福井城址大名町）に付け替えられた。

　日中は越前武生〜田原間に1時間当たり急行1往復、普通2往復が運転されている。支線の末端である福井へは普通列車が乗り入れる。また2016（平成28）年から田原町を介してえちぜん鉄道三国芦原線との相互直通運転を行っている。

　起点駅の越前武生は北陸本線の武生から北へ250mほど離れた場所にある家並の間を急なSカーブで抜けた先にある北府には有形登録文化財に登録された木造駅舎が残る。北陸本線と300mほど離れた西側の住宅街を進み、日野川と吉野瀬川放水路が合流する手前で大きく東に向きを変えて日野川を渡る。鯖江市内に入り動物園等がある西山公園の麓を通る。鳥羽中を過ぎると列車は福井市内へ。江端川を渡る辺りから車窓から散見されていた田畑は姿を消し沿線は市街地の様相を呈する。

　近くに北陸本線の貨物駅南福井がある赤十字前の先に鉄軌分界点があり、福井市内を縦断するフェニックス通り上に軌道が延びる。この先、普通列車は福井城址大名町でスイッチバックして支線へ入り福井に停車。再び福井城址大名町に戻り、田原方面へ延びる軌道区間を行く。仁愛女子高校は登下校の女子高生で賑わう道路上の停留場。えちぜん鉄道三国芦原線の踏切手前を左折すると終点の田原町に着く。

武生新に停車しているモハ103はもと京浜急行のデ1形木造車で、胴体下のトラスバーが独特である。武生新は武生市と今立町が合併して越前市となったため2010（平成22）年に越前武生に駅名が改称された。◎福井鉄道福武線 武生新　1958（昭和33）年8月11日　撮影：荻原二郎

福井市内の福武線の終点駅である田原町を発車した、もと三河鉄道のデ300形。後に名古屋鉄道の車両となり1966（昭和41）年に廃止された。福井鉄道が車体の実を譲り受け、手持ちの台車、機器を組み合わせて電動制御車とした。
◎福井鉄道福武線　田原町
1964（昭和39）年11月22日
撮影：荻原二郎

福井市街地では併用軌道区間が続く福武線。市内を南北に通る主要道路の周囲には低い家並が続いていた昭和30年代末。そこを走る電車もまた、鉄道線用としては小じんまりとした車体に路面電車の足回りを組み合わせたような古風で愛嬌のある姿だった。
◎福井鉄道　福武線
1964（昭和39）年11月22日
撮影：荻原二郎

幸橋を渡り武生方面へ向かう80形。背景を高いビルが目立つようになった福井市街地の街並が飾る。昭和30年代には現在よりも急曲線となっている箇所が路面軌道区間にあり、全長16m級車の80形は原則として単行で運転していた。
◎福井鉄道福武線　市役所前
～公園口　1964（昭和39）年
11月22日　撮影：荻原二郎

福武線の前身である福武電気鉄道が大正期に開業した鉄道線のうち、福井側の終点となった福井新（開業時・福井市、現・赤十字前）。福井市繁華街の手前を流れる足羽川より1.5kmほど武生寄りに設置された。当駅と近隣の大和紡績福井工場を結ぶ専用線もあった。◎福井鉄道福武線　福井新　1964（昭和39）年11月22日　撮影：荻原二郎

中欧大通りの交差点に福井県織協ビルが建つ福井市の中心街。福武線の併用軌道が大通りを横切る。名古屋鉄道から路面軌道用の電車が譲渡されるまでは、高床の鉄道線用車両が多く入線していた。お椀型のベンチレーターを屋上に載せた120形が車体を軋ませて進む。◎福井鉄道福武線　市役所前〜本町通り　1974（昭和49）年5月26日　撮影：荻原二郎

現在の福井鉄道福井線は1924（大正13）年に福武電気鉄道として開業し、1933（昭和8）年に本線から分かれて、福井駅前停留場に至る軌道線が開業している。これは、福屋百貨店（後の大和福井店）、だるま屋百貨店（現・福井西武）が並び建っていた、福井駅前付近を走る電車の姿である。◎昭和戦前期　所蔵：生田誠

北陸本線沿いの市街地で武生新として開業した福武線の起点駅。旧・国鉄北陸本線の武生とは300mほど離れている。2面3線の頭端式ホーム。その先に独立した駅舎が建つ構内は小ぢんまりとしていながらターミナル駅の風情が漂わせる。2010（平成22）年に旧市名を継承して越前武生と改称した。◎福井鉄道福武線　武生新　1964（昭和39）年11月22日　撮影：荻原二郎

福井市内の電停に停車する300形。武生へ向かう急行運用に就く。正面3枚窓の丸味を帯びた車体を持つ電車はもと静岡鉄道の300形。1986（昭和61）年から翌年にかけて2両3編成が福井鉄道へ導入された。福井入りに際して車内はセミクロスシート化された。また同鉄道初の冷房車となった。◎福井鉄道福武線　1987（昭和62）年5月23日

北陸本線の福井駅前へ向かう支線が分かれる市役所前（現・福井城址大名町）付近を行く80形。もとは南海から譲り受けた大正期製造の木造電車である。老朽化に伴う更新化改造で新製した鋼製車体に載せ替え、主電動機を換装した。◎福井鉄道福武線　市役所前　1974（昭和49）年5月26日　撮影：荻原二郎

120形の制御車はクハ102。もと名古屋鉄道のモ300形で廃車後に車体のみを福井鉄道が譲り受け、自前の電装部品や台車と組み合わせた上で150形として南越線で使用した。南越線の廃止後は福武線へ移り、電装を解除して120形の一員となった。◎福井鉄道福武線　公園口〜本町通り　1972（昭和47）年6月10日　撮影：安田就視

旧・国鉄（現・JR西日本）北陸本線の貨物駅南福井に近い花堂付近を行く120形。1950（昭和25）年に日本車輌製造で製造された自社発注車である。両運転台車として誕生したが、後に片方の運転台を撤去され、制御車と2両1組で運用されるようになった。◎福井鉄道福武線　花堂　1972（昭和47）年6月10日　撮影：安田就視

福井駅前に乗り入れた200形。福井鉄道の急行色塗装に翼をデザインした急行用のヘッドマークを掲出する。1960（昭和35）年、62年に2両編成3本が製造された。2車体3台車の連接構造を持つ。晩年は後継の小型車よりも多い乗車定員を買われ、繁忙時間帯の急行運用を中心に使用された。
◎福井鉄道福武線　福井駅前　1972（昭和47）年6月10日　撮影：安田就視

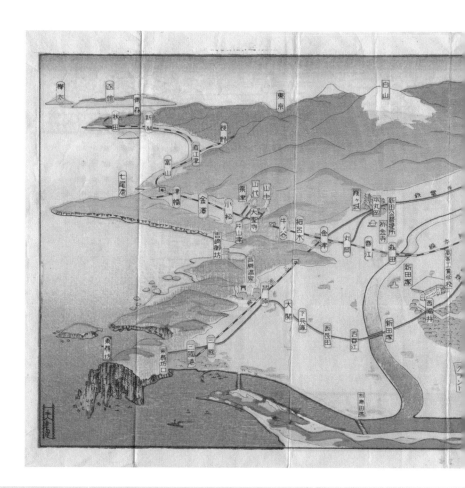

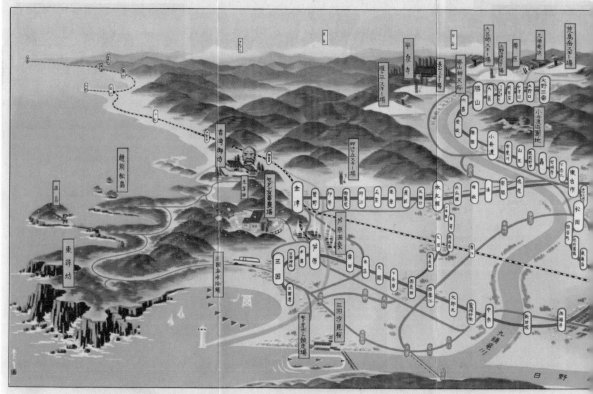

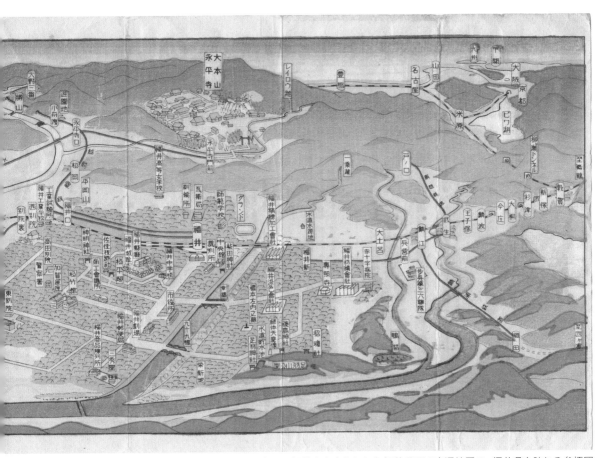

哩（マイル）表示されていた頃、福井市を中心とした福井県下の交通地図で、福井県を訪れる参拝団を対象に福井商工会議所が発行したものである。ここでは国鉄（現・JR）の北陸本線とともに福井駅を起点とする三国芦原電鉄、越前電鉄、金津駅を起点とする永平寺鉄道、武生駅を起点とする南越鉄道、鯖江駅を起点とする鯖浦鉄道といった私鉄路線が見える。また、路線名はないものの、丸岡駅を起点とする丸岡鉄道も描かれている。これらの路線は後に京福電気鉄道に引き継がれるが、その後にほとんど廃止されることとなる。◎大正期　所蔵：生田 誠

現在は京都市内で嵐山本線・北野線を運行している京福電気鉄道は、かつては福井県下でも鉄道、バス事業を行っていた。多くが廃止された鉄道路線のうちの一部は、えちぜん鉄道として現在も運行している。バス路線は、完全子会社の京福バスが引き継いで営業している。これは昭和30（1955）年前後と思われる同社の路線図で、福井市、あわら市、坂井市など県下の広い範囲をカバーし、主要都市とともに、永平寺や芦原温泉、小舟渡遊園地といった観光地を結んでいたことがわかる。◎昭和戦後期　所蔵：生田 誠

京福電気鉄道 永平寺線

途絶えた名刹への鉄路

路線DATA

起点：金津	
終点：永平寺	
路線距離：24.6km	
開業：1925（大正14）年9月16日	
廃止：2002（平成14）年10月21日	

北陸本線金津（現・芦原温泉）に隣接する金津と日本曹洞宗の大本山である永平寺の門前駅永平寺を結んでいた参詣路線。

大正末期に永平寺鉄道が永平寺（後の東古市、現・永平寺口）〜永平寺門前（後の永平寺）間を開業。昭和期に入って金津〜新丸岡（後の本丸岡）。新丸岡〜永平寺間が相次いで延伸開業して全通をさせた。第二次世界大戦下で京福電気鉄道が永平寺鉄道を合併。路線は同社の永平寺線となった。

金津は北陸本線の駅構内の東側にあった。丘陵地の麓をなぞるように進んだ列車は、熊坂川を渡った先の御簾ノ尾付近から進路を南に取る。県道と共に丸岡の市街地へ。さらに南東方向へ進み九頭竜川を渡ると永平寺町内の東古市に着く。越前本線（現・勝山永平寺線）と離合し、線路は永平寺川に沿った狭い谷間へ続く。永平寺の境内近くに終点永平寺があった。駅舎出入り口付近に被さる上屋は、寺院の屋根を彷彿とさせる設えで、第1回中部の駅百選に選ばれた。

名刹の近くまで電車で行ける特徴を備えた路線だったが、高度経済成長期に入って自動車が交通機関として台頭し始めると利用客は減少。1969（昭和44）年には閑散区間となっていた金津〜東古市間が廃止された。また2000（平成12）年と翌年の衝突事故が起こり永平寺線は休止する。その後福井県内の京福電気鉄道路線を引き継ぐべく設立されたえちぜん鉄道に引き継がれることもなく、2002年10月21日に残存区間も廃止された。

寺社を想わせる造りの上屋が目を引く永平寺線の終点永平寺の駅舎。昭和30年代には福井市内等へ向かう路線バスが駅舎の出入り口付近に発着していた。また画面右手に見える駅舎の出っ張り部分では売店が営業していた。いずれも永平寺線の末期には様変わりしていた施設だ。◎京福電気鉄道永平寺線　永平寺　1962（昭和37）年5月27日　撮影：荻原二郎

金津方面へ向かう永平寺線が健在であった頃の東古市(現・永平寺口)構内。越前本線(現・勝山永平寺線)と永平寺線がX状に交わる交点上にのりばがあった。各ホームには電車が停まり、乗り換え客が長い構内踏切を渡って行った。
◎京福電気鉄道永平寺線　東古市　1964(昭和39)年11月22日　撮影：荻原二郎

永平寺線の起点駅金津。旧・国鉄(現・JR西日本)北陸本線、三国線の金津(現・芦原温泉)駅に隣接していた。永平寺線は国鉄路線とは全く異なる経路で名刹永平寺へ向かう参詣路線だった。ホームの上屋には「永平寺大野方面行き」と切り抜き文字が組み合わされた大きな看板が掲げられていた。
◎京福電気鉄道永平寺線　金津　1957(昭和32)年8月28日　撮影：荻原二郎

参詣客に対応すべく、ホームに長い上屋を備えていた永平寺線の終点駅永平寺。高い木立から延びる影が晩夏の構内に落ちて暑さを和らげていた。構内に1両でたたずむ電車はホデハ231形。1937（昭和12）年に川崎車両で製造された。
◎京福電気鉄道永平寺線　永平寺　1973（昭和48）年8月29日　撮影：安田就視

永平寺川を遡り永平寺線の末端区間を行く単行電車。沿線の景色は視界が開けており、まだ谷間の雰囲気は少ない。重厚な吊り掛けモーターの駆動音が初冬を迎えた山々に響き渡った。◎京福電気鉄道永平寺線　諏訪間～京善　1990（平成2）年12月8日　撮影：安田就視

緑に包まれた曲線区間を行くモハ281形。もと東急のデハ3300形である。昭和40年代に旧型車の置き換えを促進すべく導入された。正面にあった貫通扉は塞がれ、窓枠はHゴム化されている。ウインドウシルヘッダーも撤去され、印象は東急時代と大きく変わった。◎京福電気鉄道永平寺線　東古市〜諏訪間　1984（昭和59）年6月　撮影：安田就視

1979（昭和54）年に姿を消した初代140形。クハ140形と
モハ140形の2両編成が県道から逸れて併用軌道区間の終
点駅田原町へ入って行った。クハ140形はもと名古屋鉄道
のク2200形。昭和初期に瀬戸電気鉄道が導入したガソリ
ン動車として誕生した。◎福井鉄道福武線　裁判所前～
田原町　1972（昭和47）年6月10日　撮影：安田就視

京福電気鉄道 丸岡線

永平寺、三国芦原線の連絡線

路線DATA

起点：本丸岡	
終点：西長田	
路線距離：7.5km	
開業：1915（大正4）年6月22日	
廃止：1968（昭和43）年7月11日	

永平寺線の本丸岡から旧国鉄（現・JR西日本）北陸本線丸岡に隣接する丸岡を経由して西長田で三国芦原線に接続していた。

丸岡鉄道が大正期に本丸岡～上新庄（後の丸岡）間を開業した。軌間762mmの軽便鉄道だった。同区間は昭和期に入って軌間1,067mm電化路線に生まれ変わった。その後、上新庄～獅子長田間が延伸開業し全通をみた。丸岡鉄道は第二次世界大戦下で京福電気鉄道に吸収合併され、路線は同社の丸岡線となった。

本丸岡から西方の田園地帯へ出た列車は兵庫川の畔を通り、北に大きく曲がって丸岡の市街地へ入る。丸岡の構内配線は行き止まり線を備えるスイッチバック形状だった。駅を出るとすぐに北陸本線を跨ぎ、県道と兵庫川を渡った先で大きく南に曲がって終点の西長田に着く。

1948（昭和23）年の福井地震では路線の各所で被災。その復旧に要した費用が短路線の負債を増加させた。また昭和30年代に入ると自動車の台頭により利用客は減少した。そうした状況から京福電気鉄道は同線の廃止を打ち出したが、沿線住民の反対は強くすぐに廃止とはならなかった。1963（昭和38）年には北陸本線の電化に伴い国鉄から要請を受けて線路を跨ぐ橋梁の嵩上げ工事を実施した。1968（昭和43）年7月11日に全線が廃止された。

永平寺鉄道の開業時から永平寺線で活躍したホデハ101形。正面中央部を配管が縦に走る武骨な面構えの電車は1925（大正14）年製。当初戸袋にあった丸窓を塞がれている様子だ。集電装置に竹箒のような形状のY字型ビューゲルを備えていた。丸岡線は当駅から発着する。◎京福電気鉄道永平寺線 本丸岡 1962（昭和37）年5月27日 撮影：荻原二郎

福井鉄道 鯖浦線

山中に終点があった海水浴電車

路線DATA

起点：鯖江	
終点：織田	
路線距離：19.2km	
開業：1926（大正15）年10月1日	
廃止：1973（昭和48）年9月29日	

　北陸本線の駅に隣接する鯖江と、鯖江市の西方に広がる越前町中央部の山間地域に位置する織田を結んでいた路線。鯖浦は「せいほう」と読む。

　大正末期に鯖浦電気鉄道が東鯖江〜佐々生間を開業。昭和期に入り佐々生〜織田間、鯖江〜東鯖江間が延伸開業して全通をみた。鯖浦電気鉄道は第二次世界大戦終結間近に福武電気鉄道と合併。路線は新会社福井鉄道の鯖浦線となった。

　鯖江より北へ走り出した電車は東鯖江付近まで北陸本線と並行した後、福井鉄道福武線と交差する水落へ向かって西に進路を変える。日野川を渡り、鯖江市近郊の田園地帯を走る。西田中より進行方向は南を向き、古墳公園がある丘陵部へ分け入る。県道鯖江織田線、国道365号と共に木立が続く里山の中を駆け抜ける。織田川に沿って北方へ進むと郵便局や駐在所がある織田地区の街中に出る。国道365号と417号の交差点手前に終点駅の織田があった。

　終点の織田からは越前海岸等へ向かうバスがあり、夏季には鯖浦線も海水浴客等で賑わった。しかし昭和30年代に入ると並行する国道等が整備されて自動車が台頭。1962（昭和37）年には北陸本線鯖江駅が構内の拡幅工事を行った影響から鯖江〜水落信号所間が廃止された。さらに1972（昭和47）年に西田中〜織田間が廃止。翌年に水落〜西田中間が廃止され、海辺を目指した田舎電車は姿を消した。

鯖浦線で最後まで鉄路が残った水落〜西田中間。水落駅は福武線とのジャンクションであった。画面手前を直線的に通る線路が福武線。画面奥で曲線を描く分岐路が鯖浦線である。ホームに停車する電車は鯖浦線の列車。前面には起点と終点駅の名が描かれていた。◎福井鉄道鯖浦線　水落　撮影：荻原二郎

曹洞宗大本山の永平寺への参拝客を運ぶ鉄道として、1925（大正14）年9月に永平寺～永平寺門前間で開業したのが永平寺鉄道である。その後、国鉄（現・JR）北陸本線と連絡する金津駅まで路線を伸ばしたが、1944（昭和19）年12月に京福電気鉄道と合併して、永平寺線に変わった。2002（平成14）年10月に全ての路線が廃止されたが、途中駅だった永平寺（後の東古市）駅は、永平寺口駅と名前を変えて、えちぜん鉄道勝山永平寺線の駅として存在している。
◎昭和戦前期　所蔵：生田 誠

1914（大正 3）年に開業した越前電
気鉄道は、その後に路線を伸ばし、
1929（昭和 4）年に福井〜大野三番
（後の京福大野）間が全通した。一
方、三国芦原電鉄は1928（昭和 3）年
に開業し、1932（昭和 7）年に福井〜
東尋坊口間が全通している。両鉄道
は1942（昭和17）年に京福電気鉄道
の路線の一部となり、越前本線と三
国芦原線となっていた。現在は、え
ちぜん鉄道の勝山永平寺線（勝山駅
まで）、三国芦原線（三国港駅まで）と
して運行されている。これは昭和10
（1935）年前後の両鉄道の路線図であ
る。◎昭和戦前期　所蔵：生田 誠

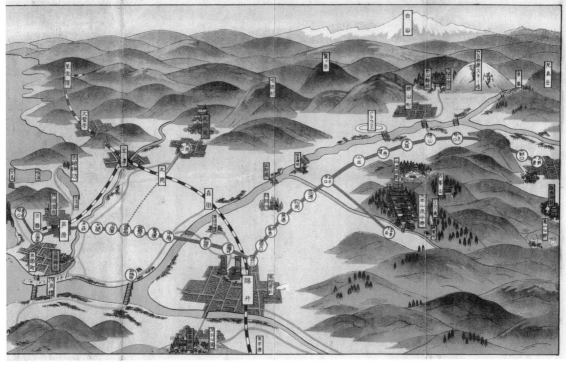

福井鉄道 南越線

鯖武盆地の東部をなぞる

路線DATA

起点：社武生	
終点：戸ノ口	
路線距離：14.3km	
開業：1914（大正3）年1月29日	
廃止：1981（昭和56）年4月1日	

　北陸本線武生に隣接する社武生と鯖江市内東方の戸ノ口を結んでいた武生市（現・越前市）、鯖江市の近郊路線。

　明治末期に設立された武岡（ぶこう）軽便鉄道が大正期に入って新武生（後の社武生）〜五分市間を軌間762mmの路線で開業。続いて五分市〜粟田部間、粟田部〜岡本新間を延伸開業した。武岡軽便鉄道は武岡鉄道、南越鉄道と改称した後、既存の路線を1,067mmに改軌した。同時期に岡本新〜戸ノ口間を軌間1,067mmで延伸開業し路線は全通した。南越鉄道は1941（昭和16）年に福武電気鉄道に合併され、路線は同社の南越線となった。さらに福武鉄道は鯖浦電気鉄道と合併して福井鉄道を設立。南越線も新会社の路線となった。その後、全線が架線電圧600Vで直流電化された。

　起点駅の社武生から隣駅の福武口付近まで北陸本線と並走した列車は東側へ大きく曲がって日野川を渡る。武生市街地の北東部を走り、国道8号を越えると荒谷川、浅水川流域の水田地帯へ出る。鉄路が最初に開業した五分市付近より進行方向は北を指す。鞍谷川を渡った先が岡本新。前方が行き止まりになったスイッチバック駅を出て、鯖江市平野部の東端部に当たる戸口町を目指す。県道福井今立線に沿って進み、服部川を渡った先で鯖江市内へ入る。県道沿いに続く街中に終点駅戸ノ口があった。

　第二次世界大戦後、当路線の利用者数は微増減を繰り返す横ばい状態が続いていた。しかし、周辺道路の整備や自動車の台頭により昭和40年代に入ると乗降者数は減少の一途を辿った。1971（昭和46）年には合理化策として粟田部〜戸ノ口間を廃止。これにより翌年以降の利用者数はそれまでの半分近くにまで落ち込んだ。社武生〜粟田部間は五分市と近隣工場を結ぶ専用線を通る貨物輸送契約の事情等から廃止は見送られた。しかし同区間も1981（昭和56）年に廃止され南越線は全廃となった。

旧・国鉄（現・JR西日本）北陸本線と道1本を隔てて南越線の線路が並行する場所で開設した福武口駅。北陸本線の向う側には福武線の起点武生新（現・越前武生）駅がある。隣駅の社武生までは僅か200m。北府（現在の福武線北府駅と別の駅）までは600mの駅間距離だった。北陸本線の武生駅を含め、昭和50年代までの武生市街地には駅がひしめき合っていた。
◎福井鉄道南越線　福武口　撮影：荻原二郎

1971年に戸ノ口までの区間が廃止されて南越線の終端駅となっていた粟田部。粟田部町は武生市（現・越前市）東部の農業
地域であり、路線の存続後も利用者数が延びることはなかった。終点になると共に駅は無人化されて交換施設等は撤去され
た。手前の線路は草生して車両が出入りしていない様子だ。
◎福井鉄道南越線　粟田部　1973（昭和48）年8月29日　撮影：安田就視

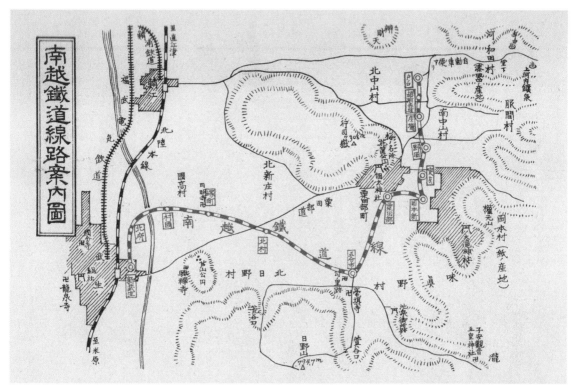

南越鉄道は新武生駅と戸ノ口駅を結んでいた鉄道で、後に福井鉄道の南越線となり、1981（昭和56）年4月に廃止された。
開業したのは1915（大正4）年1月で、当初は新武生〜五分市間であった。当初は武岡軽便鉄道の名称で、武岡鉄道を経て、
1924（大正13）年3月に南越鉄道となり、同年9月に戸ノ口駅までの全線が開通している。開通時は軌間762mmの軽便鉄道
であったが、1924年に軌間1067mmに変更された。これは北府駅が開業した1927（昭和2）年以降の路線図と思われる。
◎昭和戦前期　所蔵：生田　誠

黄金色に輝く水田の中を湘南窓の130形が泳ぐように進んで来た。南越線で車両の近代化を図るべく投入された13m級車は1962（昭和37）、63年の製造。車体、台枠は新製で台車、電装機器等は廃車となったモハ1形からの流用品で組み立てられた。
◎福井鉄道南越線　粟田部〜五分市　1973（昭和48）年8月29日　撮影：安田就視

1976（昭和51）年に福井インターチェンジ〜武生インターチェンジ間が開業した北陸自動車道。南越線は水田が広がる武生市（現・越前市）の郊外で新設された高速道路を潜っていた。南越線の廃止は1981（昭和56年）。日本海沿岸を巡る主要交通施設に発展した道路と共存した期間は5年足らずに過ぎなかった。
◎福井鉄道南越線　北村〜塚町　1980（昭和55）年1月30日　撮影：安田就視

田畑が広がる田園地帯をひた走って来た単行電車は日野川を渡って武生の市街地へ入る。正面を北陸本線が横切る。時折走り抜ける485系の特急が運転席の窓に眩く映った。130形は急曲線伝いに90度向きを変えて国鉄線と並行していた。
◎福井鉄道南越線　村国～北府　1980（昭和55）年９月11日　撮影：安田就視

1955（昭和30）年頃の福井県・石川県下の私鉄時刻表

福井鉄道・京福電鉄・北陸鉄道・尾小屋鉄道

福井鉄道各線（電・連） 29・11・1訂補

粁	円	駅名		
0.4	10	発鯖江着		
2.1	50	〻東鯖江発		
7.5	60	〻水落〻		
19.2		〻西田中〻		
		着織田発		

8.7		発武生着		
14.3		〻粟田部発		
		着戸ノ口発		

粁	円	武生 新		
5.3	10	西鯖江		
7.0	20	水落 明		
8.5	20	神 福井駅前		
20.1	40			

粁	円	福井駅		
11.6	30	神 明		
13.1	30	水 落		
14.8	30	西鯖江		
20.1	40	武生 新着		

京福電鉄各線（連） 30・4・1改正

粁	円	駅名
1.5	10	発福井着
10.9	30	〻東古市〻
21.0	70	〻小舟渡〻
27.8	80	〻勝山〻
36.4	110	着大野三番発

9.9	30	発金津着
13.9		〻本丸岡発
18.4		〻東古市〻
24.6	80	発永平寺〻

1.5	10	発福井着
13.2	40	〻西長田〻
21.5	70	〻芦原〻
24.6	80	〻三国〻
26.7	80	着三国港発

| 3.3 | 10 | 発西長田着 |
| | 20 | 着本丸岡発 |

北陸鉄道各線（電・連）急 30・5・1改正

粁	円	駅名
	10	発白菊町着
2.9	10	〻新西金沢発
4.9	20	〻野々市〻
14.7	50	〻鶴来〻
22.3	70	〻辰ノ口〻
31.4	100	着新寺井発

金沢市 ｛ 公園下－金沢駅前 530—2255 金沢駅前－ ｛ 小立野 550—2250 10円均一 他に ｛ 野町－鳴和 等あり
電車 ｛ 町 534—2235 寺町 546—2250 軍金沢—公園下

		発鶴来着
2.0	10	〻加賀一ノ宮発
11.6	40	〻釜清水〻
18.8	60	着白山下発

| 4.0 | 10 | 発野々市着 |
| 9.2 | 30 | 着松任発 |

| 5.9 | 20 | 発小松着 |
| | | 着鵜川遊泉寺発 |

5.4	20	発小松着
7.2	20	〻金石発
		着大野港発

| 6.3 | 20 | 発北鉄金沢着 |
| | | 着粟ヶ崎発 |

粁	貫	始発駅	行先	所要	運転時間
8.9	30円	大聖寺 山中	山中 大聖寺	24分	524—2250 524—2151
2.7	10円	新動橋 片山津	片山津 新動橋	7分	610—2236 524—2216
6.4	20円	新河 動橋	橋 河 南新	22分	558—2239 612—2206
12.9	40円	新栗津 代	山 代 新栗津	35分	605—2243 621—2133

新小松——尾小屋（非） 29・7・1改正 （尾小屋鉄道）

粁	円	駅名
9.0	40	発新小松着
	70	〻金平発
		着尾小屋発

北陸の温泉郷、山間部へ延びる地方路線の健在ぶりが目立つ。福井鉄道には福武線を軸に盆地の東西方向へ延びる路線があり、京福電鉄は名刹永平寺のお膝元まで延びる永平寺線があった。また石川県の北陸鉄道は金沢の周辺地域や山間部まで足を延ばす広大な路線網を展開していた。

2章
石川県

明治、大正期にかけて金沢、小松等の中核都市と周辺地域を結ぶ鉄道が建設。
1943（昭和18）年に県下の私鉄が大合併して北陸鉄道が設立された。第二次世界
大戦後の高度経済成長期に入るとバス等、自動車の台頭が鉄道の業績を低迷させ多
くの路線が廃止された。

青空に雲が流れる初秋の小松線を行くモハ3000形。金名線の電化に備えて日本鉄道自動車工業（現・東洋工機）で5両が製造された。当初の形式名はモハ1100形。新製直後に実施された一斉改番でモハ3000形となった。3001号車は前面窓2枚がHゴム化されていた。◎北陸鉄道小松線　加賀八幡〜若杉　1980（昭和55）年9月12日　撮影：安田就視

1930（昭和5）年の金沢駅周辺

陸軍参謀本部陸地測量部発行「1/25000地形図」

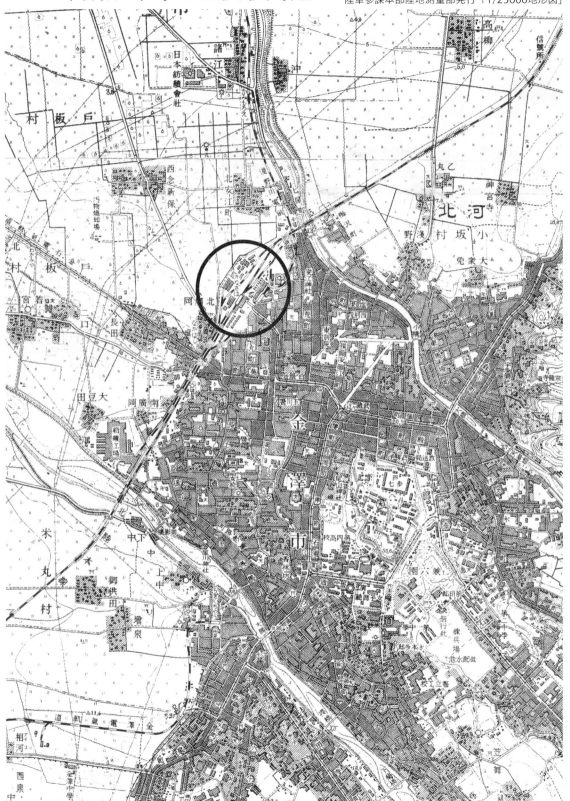

行政機関や学校がある金沢城址の周りを路面電車が走り、環状線の北西部から分かれた軌道が国鉄の金沢駅前まで延びている。さらに環状線から郊外部へ延びる路線がいくつもあり、市民にとって身近で重要な交通機関であったことを窺わせる。また市内西部の白菊町は鉄道線となった金澤電気軌道の拠点であった。

1957（昭和32）年の金沢駅周辺

建設省国土地理院発行「1/25000地形図」

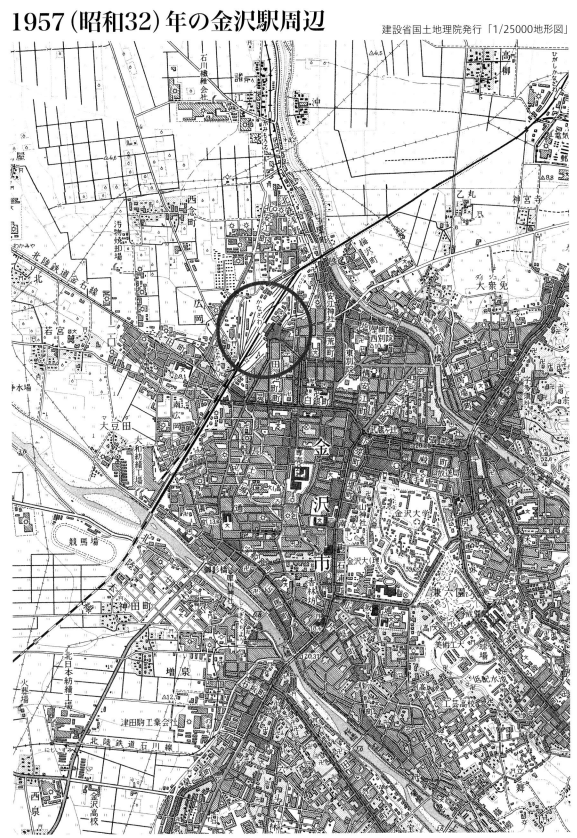

市内の軌道線は第二次世界大戦前よりもさらに路線網を拡大した。金沢駅の周辺では城址付近よりも小規模ながら新たな環状線を形成していた。北陸鉄道石川線となった鉄道線は野町で軌道線と連絡。当時は路面電車が鉄道線へ乗り入れていた。国鉄駅の西側には戦前と変わらず金石線の中橋駅があった。

北陸鉄道 石川線

白山から金沢へは電車に乗って

路線DATA

起点：野町	
終点：鶴来	
路線距離：13.8km	
開業：1915（大正4）年6月22日	

　金沢市内の野町と白山市の鶴来を結ぶ単線の電化路線。大正期に石川電気鉄道（後の石川鉄道）が新野々市（現・新西金沢）～鶴来間。金野軌道（後の金野鉄道）が西金沢（後の白菊町）～野町～新野々市間を建設した。さらに金名鉄道が鶴久～神社前（加賀一の宮）間を昭和初期に開業し、後に石川線を名乗る路線の全貌が出来上がった。北陸鉄道の成立で同社石川線となった。

　野町より二駅先の新西金沢は北陸本線西金沢駅と隣接する。全ての列車が起点と終点の往復運転で区間列車等の設定はない。13.8kmの道のりを約30分かけて走行する。運転間隔は朝15～20分。その他の時間帯は30～40分となる。全ての列車はワンマン運転だ。また季節に応じて「ビール電車」「おでんでんしゃ」等のイベント列車を運行している。

　1972（昭和47）年9月20日に貨物専用路線となっていた白菊町～野町間を廃止。末端区間の鶴来～加賀一の宮間は2009（平成11）年11月1日を以って廃止された。

南へ向かって大きな曲線を描く新西金沢界隈。当駅に隣接する北陸本線西金沢駅の南側広場付近には石川線の大きな踏切がある。白山下行きの単行電車は3700形。もと名古屋鉄道のモ700形である。名鉄各務ヶ原線の架線電圧を昇圧した際に余剰となった車両を北陸鉄道が譲り受けた。◎北陸鉄道石川線　新西金沢〜押野　1984（昭和59）年6月　撮影：安田就視

石川線に鶴来で接続する能美線、加賀一の宮以遠へ延びる金名線の3線を合わせて石川総線と呼んでいた。車両基地が隣接する鶴来は石川総線の拠点駅。能美線が健在であった頃には3線ののりばホームがあった。石川線の起点白菊町行きの行先表示板を掲出したモハ3700形が2番ホームに停まっていた。◎北陸鉄道石川線　鶴来　1964（昭和39）年11月21日　撮影：荻原二郎

昭和50年代に入ると、石川線の沿線では鉄筋コンクリート造の多層階マンション等、近代的な姿をした建物が目立ち始めた。
しかし、街中を走る電車道には未だ木製の架線柱が建ち、単行の旧型車が吊り掛けモーターの音を響かせて走っていた。
◎北陸鉄道石川線　新西金沢～西泉　1984（昭和59）年6月　撮影：安田就視

犀川をはじめとして多くの川が流れる金沢市。西部郊外を走る石川線は伏見川を渡る。橋梁付近の堤を護岸ブロックで改修された川は市内北西部で犀川に注ぐ2級河川だ。東急電鉄から北陸鉄道に移籍して間もない7000系が軽快な足取りで駆けて来た。◎北陸鉄道石川線　新西金沢〜西泉　1990（平成2）年12月10日　撮影：安田就視

白山神社総本社の門前駅だった加賀一の宮。駅舎は出入り口付近に唐破風を備えた寄棟造りで寺社を彷彿とさせる姿だった。金名線の廃止に伴い石川線の終点となった。さらに2009（平成21）年11月1日を以って鶴来〜当駅間が廃止され、駅としての使命を終えることとなった。◎北陸鉄道石川線　加賀一の宮　2000（平成12）年11月　撮影：安田就視

北陸鉄道 浅野川線

砂丘の町へ足を延ばす通勤路線

路線DATA

起点：北鉄金沢	
終点：内灘	
路線距離：6.8km	
開業：1925（大正14）年5月10日	

　北陸新幹線線等の列車が発着するJR西日本の金沢駅と隣接する北鉄金沢と町内に大規模な砂丘がある河北郡内灘町内の内灘を結ぶ単線の電化路線。大正期に浅野川電気鉄道が七ツ屋〜新須崎間。新金沢（現・北鉄金沢）〜七ツ屋間を開業。昭和初期に新須崎〜粟ケ崎遊園前（現・内灘）〜粟ケ崎海岸間が開業して全通をみた。第二次世界大戦終結から程なくして北陸鉄道が浅野川電気鉄道を合併した。戦時中に不要不急路線として廃止された粟ケ崎遊園〜粟ケ崎

海岸間は1952（昭和27）年に再び営業を開始した。しかし1974（昭和49）年に再び廃止の運命を辿った。
　現在の内灘町は金沢市の通勤、通学圏という性格を持ち合わせる。金沢の中心街へ直結する浅野川線では朝夕22分。昼間30分の間隔で列車を運転している。全ての列車は起点、終点を往復する運用。6.8kmの道のりを約17分で結ぶ。粟ヶ崎駅のすぐ東方には金沢市と内灘町を隔てる大野川が流れる。

狭い構内に急曲線を描くホームが収まる浅野川線の起点駅北鉄金沢。地上駅だった時代の情景だ。ホームにはもと伊那電気鉄道の電車で旧国鉄を経て北鉄の車両となったモハ850形が停車する。集電装置にポールを用いていた昭和30年代の姿だ。
◎北陸鉄道浅野川線　北鉄金沢　1962（昭和37）年5月30日　撮影：荻原二郎

毎朝のように繰り返される通勤風景だろうか。電車を降りた利用客の一部は改札口を通らずにホームの縁を伝って構内の外へ出ていた。金沢駅にほど近い北陸本線（現・IRいしかわ鉄道）の線路が目の前を横切る七ツ屋駅。至近には北陸鉄道の変電所施設が建つ。◎北陸鉄道浅野川線　七ツ屋　1964（昭和39）年11月21日　撮影：荻原二郎

草生した側線の奥に旧型電車が2両留置されていた。クハ1200形はもと温泉電軌のデハ20形を電装解除した車両。デハ3650形も温泉電軌が製造した車両だが、1941（昭和16）年に発生した山代車庫での火災時に焼失した電車の機器類と新製した車体を組み合わせた再生車両だった。◎北陸鉄道浅野川線　内灘駅　1973（昭和48）年8月30日　撮影：安田就視

刷毛で描いたような雲が流れる青空の下、緑濃い丘の向う
には日本海に面した砂浜が広がっている。浅野川線の終
点駅内灘のホームでは木製の駅名票が電車の到着を待っ
ていた。乗客はくたびれた施設には見向きもせず、先に改
札口がある構内踏切へ流れて行った。◎北陸鉄道浅野川
線　内灘　1973（昭和48）年８月30日　撮影：安田就視

張り上げ屋根を備える車両が多かった浅野川線で普通屋根がむしろ個性的に見えたクハ1210形。もとは17m級の木造客車を付随車に改造したサハ2000形。1966（昭和41）年に再改造されて制御車クハ1710形となり、1973（昭和48）年にクハ1210形と改番された。◎北陸鉄道浅野川線　蚊爪〜粟ケ崎　1984（昭和59）年6月　撮影：安田就視

一部区間が地下化される前の金沢駅界隈。浅野川線は道路に挟まれた細道を辿って旧・国鉄（JR西日→IRいしかわ鉄道）金沢駅の近くまで線路を延ばしていた。単行で走る3010形は1958（昭和33）年製。新製当初は石川線で運用された。◎北陸鉄道浅野川線　七ツ屋〜北鉄金沢駅　1984（昭和59）年6月　撮影：安田就視

内灘の車両基地に個性豊かな面構えの電車が顔を揃えていた。架線電圧が600Ｖであった時代の浅野川線には、1両ごとに形態が異なる車両が集まり、北陸鉄道の旧型電車博物館のごとき様相を呈していた。多くは合併前の温泉電車を知る生き証人であった。◎北陸鉄道浅野川線　内灘　1984（昭和59）年6月　撮影：安田就視

大野川と海に囲まれた中州の中に広がる粟崎地区は早くから宅地化が進んだ。終点駅内灘の近くに架かる歩道橋から線路を見下ろすと3550形を先頭にした2両編成の列車がやって来た。並行する道路を走る路線バスは、前方に駐車車両があって窮屈そうだ。◎北陸鉄道浅野川線　内灘～粟ケ崎　1984（昭和59）年6月　撮影：安田就視

北陸鉄道 金沢市内線

城下町の路面電車

路線DATA

起点：金沢駅前	終点：野町駅前
起点：武蔵ヶ辻	終点：小立野
起点：香林坊	終点：兼六園下
起点：橋場町	終点：東金沢駅前
起点：野町広小路	終点：寺町
最長営業時の路線距離：12.9km	
開業：1919（大正8）年2月2日	
廃止：1967（昭和42）年2月11日	

　金沢市街地を巡っていた路面軌道。大正期に金沢電気軌道が金沢駅前～兼六公園下間で開業した軌道を皮切りに1945（昭和20）年までに12.5kmの路線網が構築された。第二次世界大戦下で3度の組織再編を経て北陸鉄道の路線になった。

　金沢城址の周囲を回る環状線と、そこから4方向へ延びる路線。さらに香林坊～野町駅前間の路線で、犀川を渡った先の野町広小路から寺町へ分かれる路線で構成されていた。

　野町駅前では同社鉄道線の石川線。金沢駅前では浅野川線、金石線の他、旧・国鉄の金沢駅とも接続していた。旧国鉄北陸本線の駅とは東金沢でも隣接していた。

　昭和中期には30万を超える人口を誇っていた百万石の城下町で、長年に亘り庶民の足として親しまれてきた。しかし第二次世界大戦後は同様な区間で運転を始めた路線バスへ客足が流れるうちに業績が低下。1966（昭和41）年から翌年にかけて金沢の路面電車は廃止された。

個人商店が軒を連ねていた頃の金沢駅界隈を走る300形。デ60形等の木造単車から台車、電装機器を流用し、半鋼製の車体を載せた路面仕様の電車だ。金沢電気軌道時代に10両。旧・北陸鉄道成立時に5両が製造された。路線の廃止時まで4両が残った。◎北陸鉄道金沢市内線　金沢駅前　1964（昭和39）年11月4日　撮影：荻原二郎

金沢電気軌道の路線であった時代の起点駅白菊町構内。当路線は地方鉄道法で鉄道線とされていたが、路面仕様の電車が数多く所属していた。二重屋根を備えた木造単車が並ぶ。38号車は1921（大正10）年製。1927（昭和2）年に30形として39号車を改番した車両だ。◎金石電気軌道　白菊町　1939（昭和14）年8月

2系統は金沢駅前から環状区間の武蔵ケ辻、香林坊を経て犀川を渡った寺町へ至る運行。1932（昭和7）年製のモハ300形がさらに年代物と見られる二重屋根の電動車を連結して停車した。2両共ビューゲルを上げており、それぞれの車両に運転士が乗って協調運転を行っていたように見受けられる。◎北陸鉄道金沢市内線　金沢駅前　1956（昭和31）年5月6日　撮影：荻原二郎

金沢市東部の郊外に縦長な容姿の路面電車がやって来た。モハ2051はもと武蔵中央電気鉄道の8号車。1929（昭和4）年に日本車輌製造（現・日本車両）で製造された半鋼製車。新製から10年余りで金石線の前身である金石電気鉄道へ譲渡された。後に金沢市内線へ転用され、1967年に福井鉄道へ譲渡された。◎北陸鉄道金沢市内線　東金沢駅前　1962（昭和37）年5月29日　撮影：荻原二郎

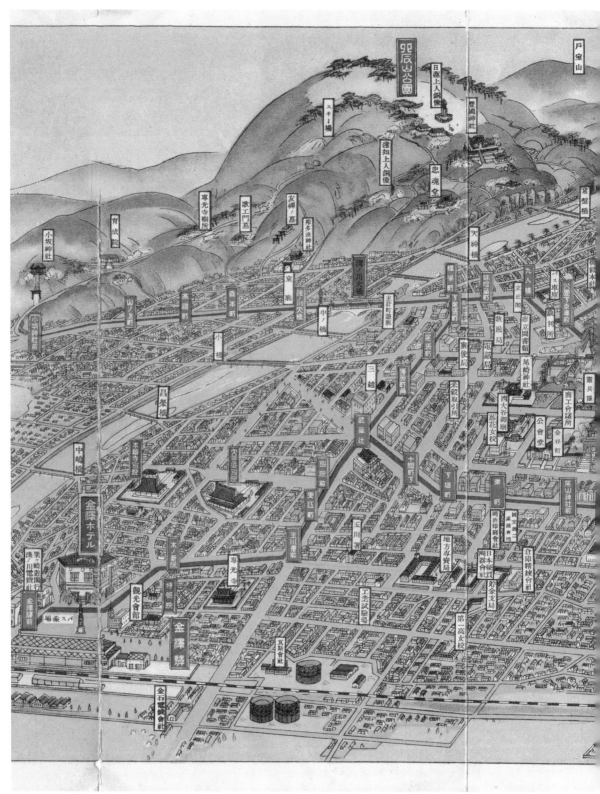

金沢市内を走る路面電車（金沢市電）である金沢電気軌道が運行されていた頃の金沢市内の名所案内図で、左下に国鉄（現・JR）北陸本線の金沢駅、右上に兼六（公）園、金沢城跡が描かれている。金沢駅前を出発した路線は、安江町を通り、武蔵（が）辻に向かう。ここで香林坊方面に向かう路線、尾張町、橋場町方面に向かう路線に分かれることとなる。香林坊を通る路線 ↗

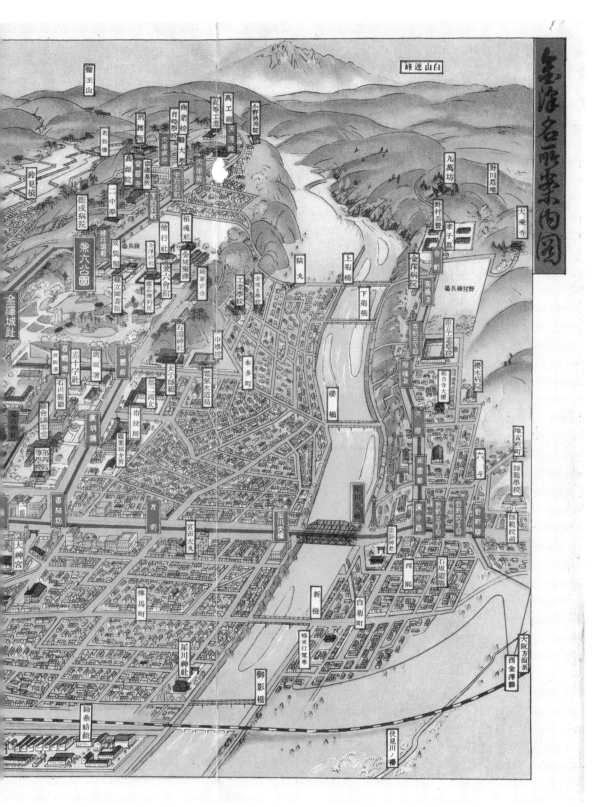

は犀川大橋を渡り、広小路方面へ。また、香林坊から広坂通、公園前方面に向かう路線も存在する。一方、橋場町から浅野川大橋を渡り、小坂神社前方面に向かう路線も見える。こうした路線は金沢鉄道に引き継がれて、金沢市内線として運行されていたが、1967 (昭和42) 年に全線が廃止された。◎昭和戦前期　所蔵：生田誠

金沢城址の西側に広がる香林坊地区。重厚な装いを見せる石積みの銀行が建つ繁華街を渋い色合いの単車が駆けて行った。昭和30年代の街並に大正ロマンの香りが漂う。304号車は市内線が金沢電気軌道であった時代の1932（昭和17）年製。藤永田造船所が車体等を製造した10両のうちの1両だ。
◎北陸鉄道金沢市内線　香林坊　1962（昭和37）年5月29日　撮影：荻原二郎

３系等の札を着け、急曲線をなぞって商店の脇をすり抜ける。鉄道線である石川線と軌道線の金沢市内線は、野町から相互直通運転を行っていた。モハ2000形は軌道線用の車両として1950（昭和25）年に近畿車両で製造された。市内線の廃止後に名古屋鉄道へ譲渡され、岐阜市内線等で使用された。
◎北陸鉄道石川線　野町　1964（昭和39）年11月21日　撮影：荻原二郎

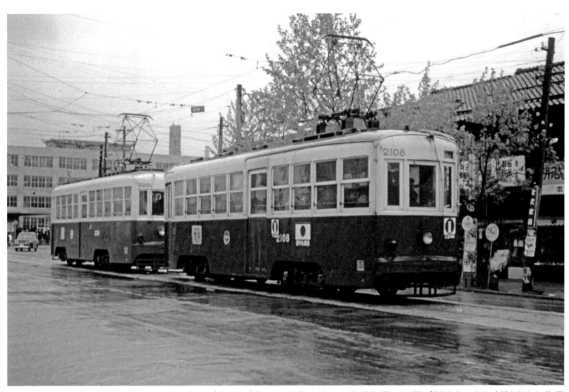

雨の金沢駅前に停車するモハ2100形。1950（昭和25）年から翌年に掛けて広瀬車両で12両が製造された。新製時より集電装置には菱形のパンタグラフを採用。屋根から架線までの距離が思いの外あり、鉄道線の電車に比べてパンタグラフは縦長に伸びている。◎北陸鉄道金沢市内線　金沢駅前　1956（昭和31）年5月6日　撮影：荻原二郎

廃止時には北陸鉄道金沢市内線となっていた金沢市内の路面電車は、1916（大正5）年に設立された金沢電気軌道が大正期に開業していった路線がもとになっている。これは金沢市内の交通の要所である武蔵が辻付近を走る電車の姿。すぐそばに近江町市場があり、現在も観光客で賑わう場所でもある。◎昭和戦前期　所蔵：生田 誠

北陸鉄道 能登線

能登半島西岸部の非電化路線

路線DATA

起点：羽咋	
終点：三明	
路線距離：25.5km	
開業：1925（大正14）年3月3日	
廃止：1972（昭和47）年6月25日	

　北陸鉄道で唯一の非電化路線。始発駅は七尾線の羽咋に隣接していた。能登半島の西沿岸部を北上して、羽咋郡富来町（現・志賀町）の高浜より内陸部へ入り同町内の三明までを結んでいた。羽咋と輪島を鉄道で結ぶ構想の下、能登鉄道が大正末期に羽咋〜能登高浜間を開業。1927（昭和2）年に三明までの

鉄路が延伸した。その後は昭和初期における不況等が影響して工事資金を確保できず、輪島までの経路は実現に至らなかった。

　路線内の列車は主に単行の気動車で運転されていた。正月には羽咋より一駅先の能登一ノ宮まで。夏の海水浴シーズンには能登高浜まで、旧・国鉄の臨時列車が七尾線から乗り入れていた。

　昭和20年代には簡易な棒線駅ながらも新たな駅がいくつか誕生した。しかし志賀町内の山中で轍を止めた鉄路は開業以来の閑散路線であった。昭和40年に入り社内の合理化が推進される中で、1972（昭和47）年に全線が廃止された。

単行で仕業に就くキハニ5151。もとは旧国鉄のキハ40000形。1934（昭和9）年に日本車輌製造（現・日本車両）で製造されたキハ40017である。1950（昭和25）年に北陸鉄道へ払い下げられた。車体前後の荷台は能登線への入線時に取り付けられた。
◎北陸鉄道能登線　能登高浜　1961（昭和36）年10月1日　撮影：荻原二郎

能登線の終点駅三明からは志賀町内の富来地区へ路線バスがある。輪島まで延びる鉄道敷設の計画線上にありながら実現には至らなかった区間だ。北陸鉄道が運営し、駅舎と並んでバスの車庫があった。バスの前面には鉄道車両と同じ北鉄マークがある。◎北陸鉄道能登線　三明　1961（昭和36）年10月1日　撮影：荻原二郎

終始非電化路線であった能登線用のガソリン動車、気動車の中には、機関を外されて付随車となった車両があった。ハフ1500形は能登鉄道時代に新製された元ガソリン動車。燃料難に陥った第二次世界大戦中に付随車化された。正面の窓周り等に動力車時代の面影を残していた。◎北陸鉄道能登線　羽咋　1961（昭和36）年10月1日　撮影：荻原二郎

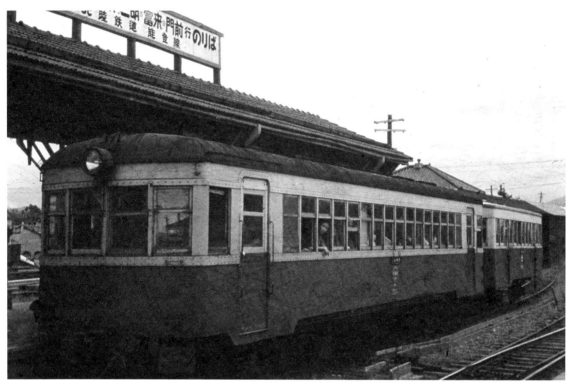

第二次世界大戦後、北陸鉄道は旧・国鉄等から機械式気動車を譲り受け非電化路線の能登線に投入した。1950（昭和25）年に国鉄からキハ41000形の40143号車を払い下げられた。さらに1966年に遠州鉄道から同系車3両を譲り受け路線の終焉時まで使用した。北陸鉄道内での形式はキハ5200形だった。
◎北陸鉄道能登線　羽咋　1961（昭和36）年10月1日　撮影：荻原二郎

日本の歴史が綴られる以前の神代時代に創建されたとの説がある気多大社。能登一ノ宮は北陸地方随一の長い歴史を持つ神社の最寄り駅であった。駅前から境内までは約500m。一直線に続く参道の入口には大きな鳥居が建っていた。
◎北陸鉄道能登線　能登一ノ宮　1965（昭和40）年6月19日　撮影：荻原二郎

北陸鉄道は金沢市内に本社を置くバス、鉄道会社。現在はバス路線が中心だが、かつてはこの沿線案内図が示すように多数の鉄道路線を有していた。その起源は金沢電気軌道で、北陸鉄道（初代）や設立された翌年（1943年）に現在の北陸鉄道が設立され、能登鉄道。温泉電軌、金石電気鉄道など7社が合併した、石川県の一大鉄道・バス会社となった。この会社は1945（昭和20）年に小松電気鉄道、浅野川電気鉄道も合併している。しかし、その後のモータリゼーションの波に押され、鉄道路線は次々と廃止され、現在は石川線と浅野川線の2路線が運行されるだけである。◎昭和戦前期　所蔵：生田 誠

北陸鉄道 金石線

港へ延びた電車道

路線DATA

起点：中橋	（支線：三善製紙前）
終点：大野港	（支線：濤々園）
路線距離：7.5km	（支線：0.4km）
開業：1898（明治31）年2月5日	
廃止：1971（昭和46）年9月1日	

　金沢駅前に隣接する中橋と大野川河口の大野港を結んでいた路線。中橋から長田町までは現在の県道17号金沢港線に沿っていた。明治期に金石馬車鉄道により長田町～金石間で開業した軌間762mmの馬車鉄道が路線の始祖である。金石馬車鉄道は後に金石電気鉄道と社名を改称。路線は軌間を1067mmに改軌した上で電化され、大正期に中橋～長田町間、金石～大野港間が延伸されて全線が開業した。また1931（昭和6）年には松原～濤々園（とうとうえん）間に一駅間0.4kmの支線が開業。支線を含めた路線の総延長は7.6kmだった。石川県下で営業する私鉄の大合併が施行された際に北陸鉄道の金石線となった。

　市街地と港を結ぶ鉄道は臨港線等、さらなる活用術が模索された時期があった。しかし昭和40年代に入り、自動車の増加による県道の渋滞が深刻な問題として浮上。また北陸鉄道の経営合理化策として1971（昭和46）年に全線が廃止された。

北陸鉄道金石線の前身、金石電気鉄道時代の中橋駅構内。支柱が傘状に組まれた上屋の側には木造の客車。ホームの反対側には路面仕様の電車が停まっていた。車内にはたくさんの乗客が見える。8号車は大正生まれの木造単車だ。横書きの広告文字が右から左へ書かれていた昭和初期の情景である。◎金石電気鉄道　中橋　1939（昭和14）年8月

湾港となっていた大野川の河口と犀川を結ぶ要川の畔にあった金石（かないわ）駅。路線名にもなった金石地区で金沢駅付近から延びてきた県道が途切れる金石西が所在地だった。線路は駅の前後できつい曲線を描き、大野港へ向かって東に向きを変えていた。
◎北陸鉄道金石線　金石
1962（昭和37）年5月29日
撮影：荻原二郎

起点駅中橋に車両基地があった。昭和30年代の半ば、金石線では第二次世界大戦前に製造された古典車両と呼べる車両がまだ数多く現役で運用されていた。画面左手の木造車はサハ550形。1924（大正13）年生まれの日本車輌製造所（現・日本車両）製である。
◎北陸鉄道金石線　中橋
1962（昭和37）年5月29日
撮影：荻原二郎

終点駅大野港に停車するモハ3300形。1958（昭和33）年に日本車輌製造（現・日本車両）で新製された。張り上げ屋根の鋼製車体にウインドウシル、ヘッダーがない近代的な容姿を備える。その反面、集電用のポールやアンチクライマーに数世代前に登場した電車の面影がある。◎北陸鉄道金石線　大野港　1962（昭和37）年5月29日　撮影：荻原二郎

北陸鉄道 金名線

水害がもたらした廃止の運命

路線DATA

起点：白山下	
終点：加賀一の宮	
路線距離：16.8km	
開業：1926（大正15）年2月1日	
廃止：1987（昭和62）年4月29日	

　手取川を遡った白山町河原山町内の駅白山下を起点とし、かつて石川線の終点であった加賀一の宮まで結んでいた路線。線名の通り、金沢と名古屋を結ぶ鉄道という大規模な構想の下に建設された鉄道である。当初は越美南線（現・長良川鉄道）との接続を計画していた。

　1926（大正15）年に金名鉄道が白山下〜加賀広瀬（後の広瀬）間を開業した。その2年後に加賀広瀬〜神社前（後の加賀一の宮）が開業して全通。さらに神社前〜鶴来町（後の鶴来）間を自社線として開業し、金沢電気軌道（現・石川線）に接続した。しかし、鉄道建設で積み重なった負債を軽減するために神社前〜鶴来間の路線は1929（昭和4）年に金沢電気軌道へ譲渡された。以降、白山下より山中へ路線が延伸されることはなかった。

　昭和30年代からの観光ブーム下では白山への登山客が登山口への中継路として利用し、夏季等には活況を呈した時期があった。しかし昭和40年代に入ると沿線の過疎化や周辺道路の整備が進み金名線は慢性的な赤字に陥った。1970（昭和45）年には昼間の列車運行を休止し、バスを代行運転した。そのような厳しい運営状況下で1983（昭和58）年に下野〜大日川間の大日川橋梁が豪雨の影響を受けて破損したため白山下〜大日川間が運休した。翌年には復旧なったものの同年12月に沿線を点検したところ、今度は手取川周辺で崩壊の危険性をはらんだ箇所が見つかり全区間に亘り運行休止となった。その後、運転は再開されず1987年に全線廃止となった。

古風ないで立ちの半鋼製電車はモハ3250形。元はJR飯田線一部区間の前身である伊那電気鉄道が1927（昭和2）年に導入したデ120形である。同鉄道が国鉄に買収された後は飯田線北部で使用された。昭和20年代に福塩線、富山港線と渡り歩き1956（昭和31）年に北陸鉄道へ払い下げられた。◎北陸鉄道金名線　白山下　1962（昭和37）年5月29日　撮影：荻原二郎

手取温泉付近を行く3000
形。第二次世界大戦後に
当駅の近くで温泉が噴出。
1955（昭和30）年に遊園地が
開園し、中山間地域にあった
小駅は湯治、行楽客で賑わっ
た。開業当初の駅名は上野。
手取遊園の開園直前に手取
遊園。1965年に手取温泉と
改称した。
◎北陸鉄道金名線　手取温
泉　1962（昭和37）年５月
29日　撮影：荻原二郎

当駅より白山方面へ向けて
鉄道建設が行われたことか
ら起点駅と位置付けられた
金名線の白山下。のりばホー
ムは１面１線だが機関車等
の機回し線がもう１線設け
られていた。昭和40年代に
は石川線の起点である野町
まで直通運転が行われてい
た。◎北陸鉄道金名線　白
山下　1973（昭和48）年８
月30日　撮影：安田就視

小さな木造駅舎の出入り口
付近にはバス停の標識が
立っていた。しばらくする
と山影から古めかしい姿の
ボンネットバスが現れた。
行先表示幕にある中宮温泉
へは当駅から15km程離れて
いる。手取川に注ぐ尾添川
を遡った山中にある秘湯だ。
◎北陸鉄道金名線　白山下
1973（昭和48）年８月30日
撮影：安田就視

北陸鉄道 能美線

白山市の郊外路線

路線DATA

起点：鶴来

終点：新寺井

路線距離：16.7km

開業：1925（大正14）年3月21日

廃止：1980（昭和55）年9月14日

　北陸鉄道の路線で白山市内の拠点駅であった鶴来と旧・国鉄北陸本線の寺井（現・能美根上）駅に隣接する新寺井を結んでいた。白山市を横断して日本海に注ぐ手取川の南岸に続く平野部を通っていた。

　鉄路の建設は能美鉄道によって寺井側から始まり、1925（大正14）年本寺井～辰口（後の辰口温泉）間、辰口～新鶴来（後の天狗山）間、新寺井～本寺井間が相次いで開業した。昭和期に入り天狗山～鶴来間が延伸されて全通した。総延長は16.7km。第二次世界大戦前に3度の路線譲渡、合併を経て北陸鉄道の能美線となった。

　戦後は自動車の台頭等で閑散路線となった。1970（昭和45）年には昼間の列車運行を休止。1980（昭和55）年に全線が廃止された。

能美電気鉄道は、国鉄（現・JR）北陸本線の寺井（現・能美根上）駅と連絡する新寺井駅と鶴来駅を結んでいた鉄道路線で、1925（大正14）年に開業している。この地図では、天狗橋駅が起終点で、（新）鶴来駅までは延伸していない。1932（昭和7）年には、手取川を渡り、（新）鶴来駅まで延伸することになる。沿線には辰口温泉、辰口競馬場などがあり、九谷焼の原材料や製品を輸送も行っていた。現在は辰口温泉付近には、いしかわ動物園や白山カントリー倶楽部が存在する。この路線は金沢電気軌道をへて、北陸鉄道となり、1980（昭和55）年に全線が廃止された。◎昭和戦前期　所蔵：生田 誠

旧・国鉄（現・JR西日本）北陸本線の寺井駅前付近にあった北陸鉄道能美線の終点駅新寺井。大正期に設立された能美電気鉄道が当駅〜本寺井間を開業した1925（大正14）年8月13日に開業した。行き止まりとなった線路の先に簡易な造りの改札口を備えた上屋があった。◎北陸鉄道能美線　新寺井　1962（昭和37）年5月29日　撮影：荻原二郎

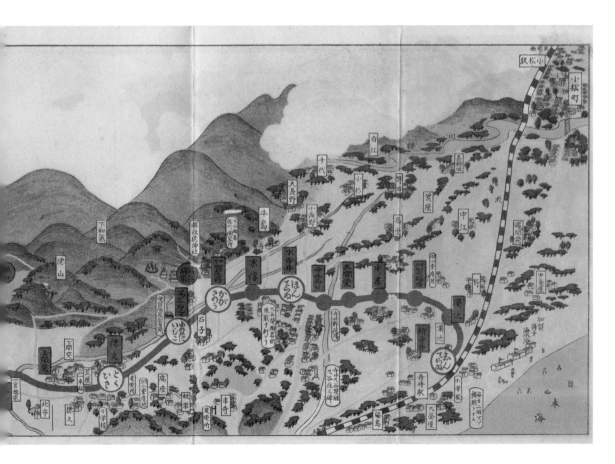

能美線の列車として鶴来駅の３番ホームに停車するモハ5100形。半鋼製車体の両運転台車で広瀬車両において1951年（昭和26）年に３両が製造された。5103号車は前面に貫通扉を追加される前の姿。窓枠のHゴム化も未施工で原形を留めていた。
◎北陸鉄道能美線　鶴来　1964（昭和39）年11月21日　撮影：荻原二郎

吹き付ける雪が運転席の窓周りを曇らせていた。雪原と化した田園地帯を走る3700形。名古屋鉄道から1964（昭和39）年に譲渡された車両だ。北陸鉄道へ移る際に運転台の移設や乗務員扉の新設、側窓の二段窓化等、車体周りを中心に多くの部分が改造された。◎北陸鉄道能美線　三ツ口～加賀岩内　1980（昭和55）年２月１日　撮影：安田就視

北陸鉄道 松金線

金沢と松任を結び北陸本線を補完

路線DATA

起点：野町駅前

終点：松任

路線距離：8.5km

開業：1904（明治37）年3月13日

廃止：1955（昭和30）年11月14日

石川線の野町駅と旧・国鉄北陸本線の松任駅前の松任駅を結んでいた。野町から国道157号沿いに西へ進み、線路は三日市からさらに県道と共に松任市（現・白山市）内まで延びていた。

既に営業していたとはいえ、運転本数が多くはなかった北陸本線を補うために金沢と松任を結ぶ私鉄路線が計画された。明治期に松金馬車鉄道が松任町（後の八ツ矢）〜有松間、有松〜野町間を開業した。大正期に入って松金馬車鉄道は松金電車鉄道と改称

した後、路線の改軌と電化を行った。路線は八ツ矢〜松任間0.4km区間を延伸開業し全通をみた。松金電車鉄道は金沢電気軌道に吸収合併され、金沢電気軌道は昭和期に入って北陸合同電気（現・北陸電力）と合併した。さらに北陸合同電気が保有していた鉄道路線は北陸鉄道へ譲渡され、松金線は同社の路線となった。

松金線の列車には野町から金沢市内線へ乗り入れ、市街地の香林坊まで運転するものがあった。車両は軌道線で使用される電車を用いた。野町〜野々市間が廃止されると野々市から石川線に乗り入れる運転形態が見られた。しかし金沢の中心街と松任を結ぶ路線としては北陸本線よりもやや大回りとなるため、国道8号（現・県道291号）の整備と北陸鉄道の経営合理化案に伴い、1955（昭和30）年に残存していた区間も全廃された。

白菊町までの末端区間が健在で石川線の途中駅であった時代の野町駅。駅舎には石川線、金明線沿線の観光を促す看板が掲げられている。その奥に鉄道線ののりばへ向かう改札口のラッチが見える。駅舎の出入り口前を市内線の軌道が八横切っていた。◎北陸鉄道石川線　野町　1964（昭和39）年11月21日　撮影：荻原二郎

北陸鉄道 小松線

小松市周辺の生活路線

路線DATA

起点：小松

終点：鵜川遊泉寺

路線距離：5.9km

開業：1929（昭和4）年5月15日

廃止：1986（昭和61）年6月1日

　北陸本線小松駅と隣接する小松駅と小松市内を流れる梯川が西南に大きく蛇行する遊泉寺町内の遊泉寺を結んでいた。

　明治期に遊泉寺と東部山間部にあった銅鉱山を結ぶ馬車鉄道が開業した。大正期に入り、小松～遊泉寺～鉱山口間と加賀八幡～金屋間の支線を含む遊泉寺銅山専用鉄道が開業した。鉱山口～鵜川遊泉寺間は鉱山の閉山と共に廃止されたが、1929（昭和4）年に白山電気鉄道が小松～遊泉寺（後の鵜川遊泉寺）間で開業した。白山電気鉄道は開業後の同年に破産宣告を受けた。しかし、翌年に宣告は取り消され路線は存続した。同社は小松電気鉄道と改称後、1945（昭和20）年に戦時下の会社統合で北陸鉄道へ譲渡された。

　戦後は通勤通学路線として沿線住民にとって欠かせない存在となっていた。しかし並行する道路の整備が進むと利用者数は減少の一途を辿り、1986（昭和61）年に全線が廃止された。

旧・国鉄（現・JR西日本）北陸本線の小松駅前には、当地を起点とする北陸鉄道小松線と尾小屋鉄道の私鉄2路線が集まっていた。小松線の小松駅は国鉄駅の北側にあり、線路は東へ延びていた。手狭な構内の側線に次の仕業を待つ電車が、Z形のパンタグラフを上げて待機していた。◎北陸鉄道小松線　小松　1962（昭和37）年5月28日　撮影：荻原二郎

梯川を渡る3両編成の列車。しんがりを務めるサハ300形がもと余市臨港軌道の二軸ガソリン動車だった。1940（昭和15）年の軌道廃止後に機関、運転室等を撤去し、客室扉を増設して客車に転用された。動力車時代の名残として片端部にのみ荷台を設置していた。◎北陸鉄道小松線　軽海〜鵜川遊泉寺　1962（昭和37）年5月28日　撮影：荻原二郎

小松線の終点駅鵜川遊泉寺。写真は小松線が廃止される約5年前の様子である。晩年まで駅舎やホーム、架線柱等の施設に木が多用されていた。のりばホームは1面1線で他に本線と並行する側線があった。停車する電車の手前に分岐がある。◎北陸鉄道小松線　鵜川遊泉寺　1981（昭和56）年5月22日　撮影：安田就視

北陸鉄道
加南線

廃止路線 山中線 やまなかせん

加賀の奥座敷山中温泉

路線DATA

起点：山中	
終点：大聖寺	
路線距離：8.9km	
開業：1899（明治31）年10月8日	
廃止：1971（昭和46）年7月11日	

　石川県下に点在する加賀温泉郷の一つである加賀市内の山中温泉で温泉街に隣接する山中駅と北陸本線の駅がある大聖寺を結んでいた。本路線と同様に石川県の西部で営業していた動橋線、粟津線、連絡線、片山津線を総称して加南線と呼ばれることもある。

　明治期に開業した山中馬車鉄道が路線の始まりで

あった。当時の軌間は914mm。1912（大正元）年に山中電軌と改称し、翌年に全区間を1,067mmに改軌すると共に直流600Vで電化した。石川県では初めての電化路線となった。しかし同年に路線は温泉電軌へ譲渡された。

　さらに北陸鉄道の成立に伴い当路線は北陸鉄道山中線となった。

　大聖寺より南郷町内の丘陵地を越え、大聖寺川を遡って山中温泉を目指す路線だった。温泉客の移動手段として親しまれてきたが、周辺道路の整備による自動車の台頭と北陸鉄道の経営合理化策に伴い1971（昭和46）年に全線が廃止された。

廃止路線 連絡線 れんらくせん

温泉郷を繋いだ鉄道網

路線DATA

起点：河南	
終点：粟津温泉	
路線距離：10.6km	
開業：1914（大正3）年10月1日	
廃止：1971（昭和46）年7月11日	

　路線名の通り、山代温泉、山中温泉、粟津温泉、動橋線を介して片山津温泉と地域の温泉郷を走る鉄道線を繋いでいた路線であった。いずれも社内線の駅である動橋〜粟津温泉間を結んでいた。宇和野〜粟津温泉間の廃止後、動橋線と存続区間は河南〜宇和野間を合わせて山代線と改称された。

　1914（大正3）年に温泉電軌が河南〜本九谷（後の

山代東口）、本九谷〜粟津温泉を開業した。周辺路線の多くが馬車鉄道として開業したのに対して本路線は当初より軌間1,067mm、直流600Vの電化路線だった。1943（昭和18）年北陸鉄道成立し、当路線は同鉄道の連絡線となった。

　国道364号と県道の交差点近くにあった河南駅を出た小さな電車は大聖寺川を渡り、山代温泉の街中を横切って動橋が分岐する宇和野へ至る。粟津温泉郷へ続く県道と共に那谷川が蛇行する里山を線路は東へ続いていた。

　1962（昭和37）年に粟津温泉で接続していた粟津線共々、宇和野〜粟津温泉間が廃止された。また山代線として存続した区間も1971（昭和46）年に廃止され、温泉街を巡る鉄道網は姿を消した。

廃止路線 動橋線 いぶりはしせん

末期は山代線と改称

路線DATA

起点：宇和野	
終点：新動橋	
路線距離：3.4km	
開業：1911（明治44）年3月5日	
廃止：1971（昭和46）年7月11日	

連絡線と合流する宇和野と北陸本線の動橋駅に隣接する新動橋を結んでいた全長3.4kmの短路線。明治末期に山代鉄道が山代村（後の宇和野）〜動橋村

（後の新動橋）間を開業した。

大正期に入って路線は温泉軌道に譲渡された。さらに昭和期に入り北陸鉄道成立で同社動橋線となった。

新動橋から南下する線路は国道8号線が横切る庄町、七日市町の街中を抜ける。山代温泉との境界となる尾俣川の東岸付近に宇和野駅があった。

動橋線は1962（昭和37）年に連絡線の存続区間となった河南〜宇和野と共に山代線と改称。しかし1971（昭和46）年に山代線の全区間が廃止された。

廃止路線 粟津線 あわづせん

開湯1300年の古湯へ

路線DATA

起点：粟津温泉	
終点：新粟津	
路線距離：3.5km	
開業：1911（明治44）年3月5日	
廃止：1962（昭和37）年11月23日	

北陸本線粟津に隣接する新粟津と粟津温泉郷の街中にある連絡線との接続駅であった粟津温泉を結んでいた。明治末期に地元の旅館業者等により粟津軌道が設立され粟津（後の粟津温泉）〜符津（後の新粟津）

間が開業した。当初は軌間762mmの軽便線だった。

大正期に経営が温泉軌道へ譲渡され軌間は1,067mmに改軌。直流600Vの電化路線に生まれ変わった。そして北陸鉄道の成立時に同社の粟津線となった。

粟津駅前から南へ延びる線路は家屋が集まる下粟津町内、田園地帯を抜けて国道8号と交差し、連絡線と接続する粟津温泉へ続いていた。

北陸鉄道の経営合理化。沿線を横切る国道8号の拡幅等を理由に1962（昭和37）年に全線廃止となった。

廃止路線 片山津線 かたやまつせん

湖畔の温泉街を目指した電車

路線DATA

起点：動橋	
終点：片山津	
路線距離：2.7km	
開業：1914（大正3）年4月29日	
廃止：1965（昭和40）年9月24日	

北陸本線動橋と芝山潟畔に広がる片山津温泉郷を結んでいた。明治末期に地元の旅館業者等が中心となり片山津軌道株式会社を設立した。しかし、すぐに建設工事が始められることはなく、大正期に入って経営を委託した温泉電軌が動橋〜片山津間に軌間914mmの馬車鉄道を開業した。1922（大正11）年

に1,067mmへの改軌と直流600Vでの電化が行われた。そして北陸鉄道成立時に同鉄道の片山津線となった。

動橋付近では北陸本線を挟んで動橋線と隔てられていた。二路線を接続する計画が持ち上がったこともあったが、北陸本線を高架線で跨ぐか下を潜る連絡線を設ける必要があり、いずれも実現はしなかった。北陸本線の隣駅である加賀温泉や国道8号線と片山津の間は県道で容易に行き来でき、第二次世界大戦後に観光ブームが到来した折も片山津線を利用する温泉客の数は伸びなかった。北陸鉄道が合理化を進める中で他の路線よりも早期にその矛先が向けられ1965（昭和40）年に全線廃止となった。

現在のJR北陸本線の粟津駅前では、新粟津駅から粟津温泉駅に向かう北陸鉄道粟津線が連絡していた。1911（明治44）年3月に粟津軌道線として開業し、間もなく温泉電軌に譲渡され、さらに北陸鉄道粟津線となった後、1962（昭和37）年11月に廃止されている。これは昭和戦前期と思われる新粟津の駅舎、ホームの姿である。◎昭和戦前期　所蔵：生田 誠

1899（明治32）年に開業した山中馬車鉄道は、山中電軌を経て、1913（大正2）年に温泉電軌となった、北陸本線と連絡する大聖寺駅から山中温泉の玄関口だった山中駅を結んでいた路線である。その後、北陸鉄道山中線となり、1971（昭和46）年に廃止された。これは大岩（猫岩）付近を走る電車である。◎昭和戦前期　所蔵：生田 誠

大正から昭和にかけて、山代温泉の玄関口となっていた温泉電軌（後の北陸鉄道山代線）の山代駅である。1914（大正3）年10月に開業し、1971（昭和46）年7月に廃止された。これは2両の電車が停まっているホーム、駅舎の姿で、この駅の跡地はその後、タクシー会社の事務所となった。◎昭和戦前期　所蔵：生田 誠

山中線の終点大聖寺は旧・国鉄（現・JR西日本）北陸本線との接続駅。ホームに停まる6010系は1962（昭和37）年に日本車輌製造（現・日本車両）で2両1編成が製造された。アルミ合金製の軽量車体を備え、扉間の座席は転換クロスシートだった。台車、電装機器等は廃車となった手持ちの車両から流用された。
◎北陸鉄道山中線　大聖寺　1964（昭和39）年11月22日　撮影：荻原二郎

山代線の起点駅であり山中線との接続駅であった河南。のりば3線を備える構内に新旧の電車が顔を揃えた。画面左の車両は6000系。1962（昭和37）年に日本車輌製造（日本車両）で2両1編成が製造された。主に山中線の温泉客輸送に充当され看板列車として活躍した。◎北陸鉄道山中線、山代線　河南　1964（昭和39）年11月22日　撮影：荻原二郎

大聖寺川の渓谷沿いに旅館が続く山中温泉は加賀温泉郷を形成する名湯の一つ。鉄道駅は温泉街の入口付近にあった。ホームに停車するクハ1000形は1957（昭和32）年製。片運転台を備える制御車である。北陸鉄道では昭和30年代に入り、各路線へ当時としては近代的な車体を備えた自社発注車が投入された。
◎北陸鉄道山中線　山中　1962（昭和37）年6月2日　撮影：荻原二郎

島式ホーム1面の山代駅。加賀地方で名湯の一つに数えられる山代温泉の玄関口だ。ホーム上屋の軒下には紅白の枠に長提灯が飾られて観光地気分を盛り上げていた。同系車のモハ1810形とモハ1820形はいずれも第二次世界大戦時中に製造された。集電装置等の装備機器が異なる。北陸鉄道連絡線　山代　1962（昭和37）年6月2日　撮影：荻原二郎

ポール集電時代の1810形。4機のモーターを装備し、同系車の1800形よりも強力な車両だった。制御機器にはスイスのブラウンボベリィ製が奢られた。昭和30年代、北陸の温泉郷を結ぶ旧・温泉軌道の路線では電車が貨車を牽引する混合列車が運転されていた。◎北陸鉄道山中線 河南 1957（昭和32）年8月28日 撮影：荻原二郎

旧・国鉄（現・JR西日本）北陸本線の粟津駅前にあった粟津線の終点駅新粟津。ホームの先端部にはラッチのような出入口扉を設けた柵がある。停車する電車は戦時中生まれの1810形。後に後継の新形電車が投入されてからも、大部分が粟津線を含む加南線の廃止時まで使用された。
◎北陸鉄道粟津線 新粟津 1962（昭和37）年6月2日 撮影：荻原二郎

多くは軌道線規格で建設された旧・温泉軌道の鉄道網。モハ1800形は同系列車両の1810、1820形と共に路盤や軌道の荷重制限値が小さい区間が多い路線で全廃時まで使用された。北陸鉄道で加南線と称されるようになった全路線に入線できる15m級の車体を載せている。
◎北陸鉄道動橋線 新動橋 1957（昭和32）年8月28日 撮影：荻原二郎

動橋線と連絡線の接続駅宇和野に入って来たモハ1810形。温泉電軌時代の1941（昭和16）年に発生した山代車庫の火災により、大量に焼失した車両の代替として製造された電車の一形式である。前面3枚窓の丸妻屋根を持つ半鋼製車だ。
◎北陸鉄道連絡線　宇和野　1962（昭和37）年6月2日

片山津温泉の最寄り駅であった片山津。駅前には温泉郷へ向かうバスの停留所があった。北陸本線の駅に隣接する動橋から延びる片山津線の終点だった。片山津線は旧・温泉軌道の路線と繋がっておらず、2.7kmの短い区間を単行の電車が往復していた。◎北陸鉄道片山津線　片山津　1964（昭和39）年11月22日　撮影：荻原二郎

尾小屋鉄道

銅山へ続く軽便鉄道

路線DATA

起点：新小松

終点：尾小屋

路線距離：16.8km

開業：1919（大正8）年11月26日

廃止：1977（昭和52）年3月20日

　北陸本線小松に隣接する新小松と南部山間地に発展した鉱山の町尾小屋を結んでいた軌間762mmの軽便鉄道。元金山で明治期に入ってから銅の採掘が盛んになった尾小屋鉱山から鉱石等を運搬する目的で建設された。しかし1919（大正8）年に開業した際には旅客、小荷物のみの扱いであった。貨物列車が本格的に走るようになったのは開業の翌年からだった。同年に鉄道の権利は最初に免許を取得した正田順太郎氏から横山鉱業部へ譲渡された。さらに

昭和期に入ると鉄道の敷設権は新たに設立された尾小屋鉄道株式会社へ移った。尾小屋鉄道は後に日本鉱業（現・JX金属）の系列会社となった。

　新小松より大きく左手に曲がって北陸本線と離れた線路は市内東方の中山間部へ向かっていた。坂花付近より小松市街地を横切る梯川に注ぐ郷谷川を遡り、谷間を11kmほど進んだ尾小屋が終点となっていた。

　第二次世界大戦後はバス事業等も手掛けるようになった。一方、銅山は廉価な海外品に押されて需要が縮小し1971（昭和46）年に閉山した。日本鉱業の傘下から離れ、名古屋鉄道の系列会社となっていた尾小屋鉄道は鉱山亡き後も存続したが、鉄道旅客事業のみでは利益を出すこともままならず、1977（昭和52）年3月22日に全線廃止となった。

尾小屋鉄道の起点駅新小松を発車したキハ2。前面の荷台には宛名を大書きされた小荷物が積まれていた。第二次世界大戦前に製造された同様な仕様の車両にはガソリン動車が多かった。しかし本車両は最初からディーゼルエンジンを搭載した気動車として製造された。◎尾小屋鉄道　新小松　1967（昭和42）年　撮影：荻原二郎

始発駅を離れると日の出町の街中を進む。低い塀越しに木造家屋や倉庫が並んでいた。か細い線路を踏みしめてやってきたのはキハ1。第二次世界大戦前にガソリン動車として製造された。現在は小松市内の「いしかわ子ども交流センター小松館　なかよし鉄道」で動態保存されている。◎尾小屋鉄道　新小松〜西吉竹　1974（昭和49）年　撮影：荻原二郎

新小松駅舎内の窓口上に掲げられていた運賃表と時刻表。日中の列車は2、3時間おきに1本という長閑な運転頻度。午前6時台から上下列車の運転が始まり、新小松発午後8時30分発の便が終列車だった。下り列車の行先は全て路線の終点駅である尾小屋だった。◎尾小屋鉄道　新小松　1974（昭和49）年　撮影：荻原二郎

上り列車は貨車を連結した混合列車でディーゼル機関車が先頭に立っていた。ホームに隣接する駅舎は軽便鉄道の施設としては大柄で側に停車する車両がより小さく見える。側線には二重屋根を備えた客車。薄く撒かれたバラストが模型鉄道の中にいるような情景をつくり出していた。◎尾小屋鉄道　尾小屋　1962（昭和37）年6月2日

上屋の建っていない島式ホームは雪原に浮かんだ艀の様。キハ1とキハ2が目の前で交換した。全線廃止の9日前だったが、第二次世界大戦前に製造された小さな気動車が路線の最期を見届けるべく活躍を続けていた。線路上の雪は解けていたが沿線の積雪はまだ深かった。◎尾小屋鉄道　1977（昭和52）年3月11日　撮影：長渡 朗

廃止日を間近に控えた起点駅の新小松。北陸本線の小松駅前に構内があった。2階建ての木造駅舎に軽便鉄道らしい幅が狭いホーム。そしてバケットカーと数十年来に亘って大きく変わらない鉄道情景が末期まであった。
◎尾小屋鉄道　新小松　1977（昭和52）年3月11日　撮影：長渡 朗

幾度も大雪に見舞われた鉄道廃止の冬。3月に入っても
沿線には真っ白な雪原が広がっていた。キハ1が単行で
久々にすっきりと晴れ渡った青空の下を行く。エンジン
音は積雪に吸い取られ、甲高いジョイント音だけが周囲
に響き列車が来たことを知らせていた。◎尾小屋鉄道
1977（昭和52）年3月11日　撮影：長渡 朗

1955（昭和30）年の富山県内の鉄道等時刻表

羽咋—三明 （電）（連）（北陸鉄道能登線） 30.5.1改正

602	707	738	此間羽咋発	19 53	2125	粁	円	発羽 咋着	622	7 06	819	846	此間三明発	19 07	20 28	21 07
611	716	744	847. 940	20 03	2134	4.1	20	ク滝 発	613	6 57	8 06	837	900. 958	18 58	20 19	20 58
629	725	756	1128.1308	20 12	2142	8.3	30	ク柴 垣 ク	605	6 49	7 56	828	1140.1243	18 47	20 10	20 50
637	742	810	1406.1609	20 30	2156	14.6	50	ク能登高浜 ク	549	6 34	7 39	814	1444.1648	18 35	19 56	20 31
702	807		1728.1847	20 56		25.5	90	着三 明発	…	6 05	7 10	…	柴垣発1644	18 07	19 27	20 05

（連）三明—富来 9.2粁 三明発 810. 955. 1050. 1230. 1505. 1710. 1845 富来発 630. 700. 910. 1100. 1340. 1600. 1720 40分 40円

石動—庄川町 （加越能鉄道） 30.4.1訂補

617	647	此間・庄川町行	2124	粁	円	発石 動（電）着	601	645	此間 石動行	2112
626	656	726. 755. 831	2133	4.6	10	ク藪 波 ク	553	636	627. 701. 735	2103
631	701	938.1020.1107	2138	7.3	20	ク津 沢 ク	548	631	839. 920.1021	2058
644	717	1205.1315.1437	2154	12.8	40	ク福 野（電）ク	536	617	1108.1220.1338	2045
655	727	1525.1638.1726	2205	17.6	50	ク井 波 ク	519	557	1437.1533.1627	2036
659	733	1840.1941.2040	2219	19.5	60	着庄川町発	511	551	1741.1859.1932	2030

宇奈月—欅平 （非） （関西電力黒部鉄道） 30.6.1改正

	8 30	10 30	12 30	粁程	円	発宇 奈 月着	12 23	14 25	16 09
	9 38	11 43	13 45	14.3	150	ク鐘 釣ク	11 15	13 17	14 53
	10 09	12 14	14 16	20.1	210	着欅 平発	10 44	12 45	14 22

富山地方鉄道各線 （電）（連）此他短区間運転あり 30.5.10改正（太字＝急行）

本線・黒部線

本線	…	538	609	此間電鉄富山発	2140	2225	粁	円	発電鉄富山着	548	716	811	此間電鉄富山行	2217	
	…	543	613	桜井行 648	2145	2229	1.7	10	ク稲荷町発	544	712	808		2214	
	…	546	623	723. 746. 843	2154	2238	7.1	20	ク越中三郷ク	534	702	801	桜井発	2204	
	530	549	628	955.1104.1209	2159	2245	9.3	30	ク寺 田ク	529	656	758	604. 649. 733	2159	
	537	605	634	1258.1352.1448	2208	2249	13.4	40	ク上 市ク	522	650	752	813. 840. 937	2151	22 34
	544	612	644	1604.1713.1806	2215		17.2	50	ク中加積ク	…	642	745	1042.1133.1240	2142	22 28
	550	619	652	1916.2008.2053	2221	…	20.9	50	ク中滑川ク	…	634	740	1352.1502.1719	2135	22 21
	607	635	708	宇奈月行	2236	…	29.0	60	ク電鉄魚津ク	618	728	1822.2020		2118	22 06
	*623	638	710	830. 920.1433	2239	…	30.3	60	ク魚 津（電）ク	615	724	宇奈月発		2115	22*04
	634	648	721	1648.1859	2249	…	37.3	80	着電鉄桜井発	605	714	1309.1408.1517		2057	21 43
	635	…	724	稲荷町発宇奈月	2103	…	…	110	発三日市（電）着	…	804	1729.1821		2054	21 41
黒部線	639	545	731	行 1036.1138	2106	2215	37.3	80	発電鉄桜井着	602	802	704	宇奈月発稲荷町	2052	21 39
	655	603	746	1247.1340.1541	2126	2234	41.2	90	ク浦 山ク	548	746	655	行 855. 950	2031	21 24
	701	610	754	1754 寺田行925	2130	2258	47.7	130	ク愛 本ク	540	738	646	1058.1158.1612	2022	21 15
	712	621	805	1001.1834.1947	2141	2249	53.3	150	着宇 奈 月発	530	727	637	上市行 1917	2013	21 04

上表他 三日市—桜井—宇奈月 宇奈月行三日市発 812.1136.1340.1540 桜井発 926.1757.1857 宇奈月発三日市行 831.1240.1656.1849 桜井発 655.1050.1448 三日市—上市 寺田発1038.1138.1248.1607.1842.2005.2218 上市発 506. 516. 536. 854.1310.1341.1420.1543.1812

五百石線（急行の直通み）

五百石線		716	747	817	1854	2008	2053	粁	円	発電鉄富山着	656	715	802	1551	1721	1834	2131	2217
	稲荷町発	726	806	833	1855	2027	2112	9.9	30	ク寺 田ク	627	657	742	1535	1705	1816	2112	2159
	531	600	728	807	934	1915	2038	2114	9.9	30	発寺 田着	625	649	741	1534	1705	1816	2110	2158
	539	615	735	815	842	1924	2038	2123	13.6	40	ク五百石発	619	649	734	1528	1658	1809	2104	2152
	546	623	740	822	847	1930	2044	2129	17.3	50	ク釜ヶ淵ク	609	643	727	1523	1653	1804	2058	2145
	551	628	745	827	851	1935	2049	2134	17.3	50	着岩峅寺発	604	638	722	1518	1649	1800	2053	2140
			746	826	852				17.3	50	発岩峅寺着				1517	1647	1798		2120
			815	718	921				30.8	100	着立 山発				1453	1623	1734		2016

上表の他 寺田発岩峅寺行 854. 940.1102.1229.1319.1354.1416.1520.1545.1628.1724.1826 岩峅寺発寺田行 748. 830. 852. 109.1105.1129.1352.1448.1607.1745.1854.1945

立山線

立山線	…	559	9 09	1206	1503	1605	1859	2155	粁	円	発電鉄富山着	651	826	933	1031	1142	1427	2120	
	534	611	9 20	1220	1515	1619	1912	2208	5.0	10	ク南富山発	640	813	922	1029	1130	1416	2109	2234
	544	618	9 39	1231	1525	1630	1923	2218	9.4	30	ク関 発	630	803	911	1019	1120	1405	2059	2226
	558	636	9 48	1244	1540	1644	1937	2231	16.2	40	ク上滝公園ク	616	749	858	1005	1106	1350	2046	2213
	601	640	10*00	1249	1544	1649	1940	2234	17.3	50	ク岩峅寺ク	614	747	856	1003	1104	1350	2044	2211
	617	657	1019	1707	1957	2010			30.8	70	ク小見ク	558	730	835	1047	1049	1336	2023	2016
		710	10 31	1319	1614	1720	2010				着立 山発		725	823	1037	1038	1324		

上表他 富山発岩峅寺行 626. 659. 730. 810. 944.1307.1403.1550.1544.1754.2125南富山行 832 南富山発 富山行他 岩峅寺発富山 716. 820.1316.1437.1518.1547.1614.1703.1802南富山行2211立山行1515 富山発小見行1048.1159.1716.1951.2003小見発富山2149.2100 立山行2149 610

立山ケーブル 立山—美女平 1.3粁 160円 650—2028 15〜40分毎各列車に接続運転

笹津線

笹津線	553	600	611	此間	2022	2117	2152	粁	円	発南富山着	616	627	647	此間	2117	2209	2227
	601	608	619		2031	2126	2201	3.1	10	ク上 野発	608	618	639		2109	2144	2219
	610	618	629	20〜40	2042	2137	2212	12.1	20	ク大久保町ク	558	610	631	20〜40	2058	2136	2211
	620	628	640	分毎	2053	2148	2219	15.5	30	ク八木山ク	547	601	621	分毎	2052	2128	2202
	625	633	644		2058	2152	2227	17.4	40	着地鉄笹津発	542	556	616		2047	2123	2157

射水線・加越線

射水線	6 39		6 54	此間	21 12	21 31	粁	円	発新 富 山着	6 28	7 00	7 20	此間	22 13	
	5 57		6 54		21 38	22 03	22 25	7.1	30	ク四 方岡	6 06	6 36	6 58		22 13	
	6 10	7 11		20〜40	21 51	22 18		13.7	50	ク四 囲ク	5 53		6 34	20〜40	22 01	
	6 25	7 26		分毎	21 59	22 24		17.3	60	ク中新湊ク	5 44		6 30	分毎	21 54	22 41
	6 51	7 55			22 25			19.9	60	ク新 湊ク			6 30		21 21	21 59
								27.9	60	着地鉄高岡発						

| 加越線 | 6 02 | 6 38 | 7 02 | 此間約 | 21 47 | 22 23 | 粁 | 円 | 発地鉄高岡着 | 6 08 | 6 36 | 7 05 | 7 31 | 此間約 | 21 15 | 21 49 |
| | 6 25 | 7 05 | 7 30 | 20分毎 | 21 26 | 22 00 | 7.2 | 20 | 着伏 木港発 | 6 32 | 7 00 | 7 31 | 7 57 | 20分毎 | 21 38 | 22 12 |

寺田〜岩峅寺間が五百石線として記載されている。電鉄富山、稲荷町〜立山間に下り２本、上り３本の設定があった急行が通り、立山線のバイパスという位置付けであったようだ。一方、現在の不二越線、上滝線区間が立山線とされ、電鉄富山〜立山間の列車時刻が記載されている。射水線は海岸部の新湊経由で富山〜高岡間を結んでいた。

3章
富山県

第二次世界大戦中に県内の私鉄、公営鉄道を統合して成立した富山地方鉄道が富山市内から県東部にかけて路線網を展開している。黒部川の上流域に向かう黒部峡谷鉄道は軽便規格の特殊狭軌路線だ。

道床までが雪に埋まった白一色の風景。遥か遠くの山並みは依然として厚い雲に被われていた。雲間から陽光が差し込んだのと同時に足元を電車が通過して行った。車両は地鉄生え抜きの14760形。低い光が運転席の奥までを照らしていた。
◎富山地方鉄道本線　越中舟橋〜寺田　1980（昭和55）年2月　撮影：安田就視

1930（昭和5）年の富山駅周辺

陸軍参謀本部陸地測量部発行「1/25000地形図」

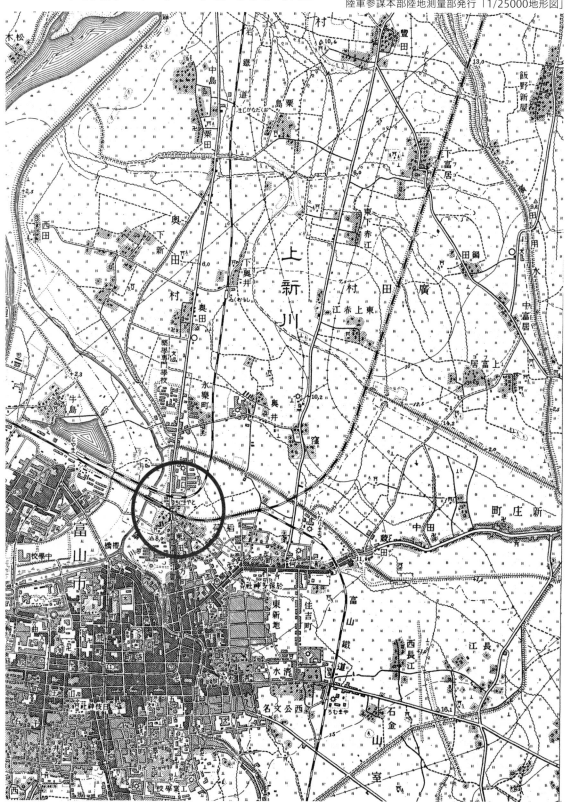

市街地の北部にある富山駅。城下町故か混沌とした街中から外れた場所に鉄道が設置された経緯を地図から読み解くことができる。当時、駅の北側には小高い丘があり、周囲には田畑が広がっていた。港へ向かう富山港線の前身となった富岩鐵道の沿線も同様。地図には旧社名の記載がある。

1968（昭和43）年の富山駅周辺

建設省国土地理院発行「1/25000地形図」

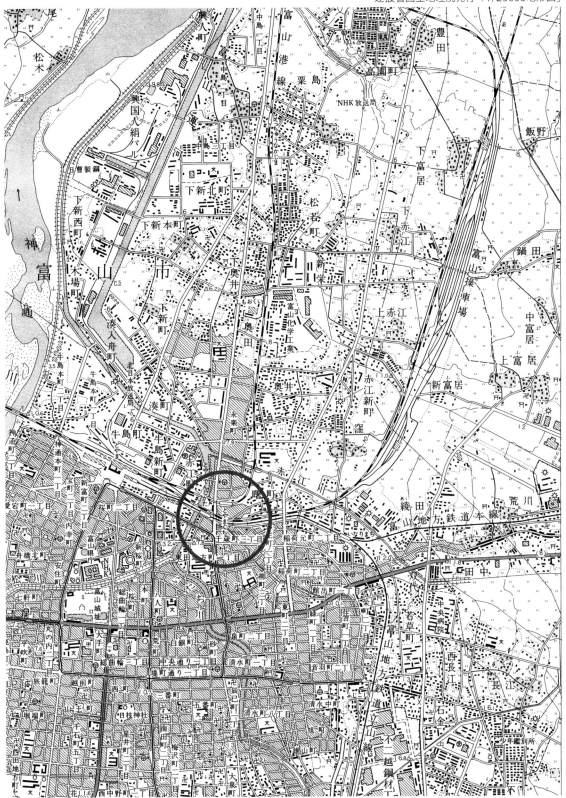

駅前通りと堤町通りの間に環状の軌道があり、その中程をもう1本の軌道が貫いている。街中で自動車が急激に数を増やしていた頃だが、市内軌道線もまだ重要な交通機関として路線網を堅持していた。富山駅前付近には、国鉄駅と別棟、別線で富山地方鉄道本線の施設が描かれている。

富山地方鉄道 本線

県東部の街を繋ぐ地鉄の根幹

路線DATA

起点：電鉄富山

終点：宇奈月温泉

路線距離：53.3km

開業：1913（大正2）年6月25日

　あいの風とやま鉄道の富山駅に隣接する電鉄富山から滑川市、魚津市、黒部市と県東部の市町を結び、黒部峡谷鉄道の起点がある宇奈月温泉へ至る鉄道線。

　滑川周辺の路線を開業した立山軽便鉄道（後の立山鉄道）。黒部以遠の路線を建設した黒部鉄道。富山市内から路線を延ばし、昭和初期に立山鉄道を合併して魚津方面へ続く鉄路を繋いだ富山電気鉄道。三社が建設した鉄道は1943（昭和18）年に成立した富山地方鉄道へ統合された。路線の一本化に伴い、黒部鉄道線は架線電圧を600Vから1500Vに昇圧。

これにより電鉄富山～宇奈月温泉間の直通運転が始まった。なお、昭和初期から中期にかけて立山鉄道が開業した新宮川～沢端間。支線扱いとなっていた上市支線、黒部支線、石田線が廃止された。

　ターミナルの雰囲気が漂う電鉄富山を出た電車は富山市街地の東部を通り、常願寺川を渡って田園地帯へ出る。行き止まり構造の上市でスイッチバックし、進行方向を北に取って日本海沿岸の滑川を目指す。滑川から魚津の周辺まであいの風とやま鉄道と並行する。片貝川、布瀬川を渡り黒部市内へ。あいの風とやま鉄道を潜った先に電鉄黒部がある。北陸新幹線黒部宇奈月温泉に隣接する新黒部は、北陸新幹線長野～金沢間の延伸開業に伴い2015（平成27）年に開業した。愛本付近から行く手は黒部川の渓谷に沿った山間部の様相を呈する。トンネルを潜り、宇奈月谷川を渡ると終点宇奈月温泉に到着する。

富山地方鉄道で鉄道線の主要路線である本線の起点駅電鉄富山。現在まで路線の前身だった富山電気鉄道時代の駅名を継承している。構内は旧・国鉄駅と並んでいるが、大屋根を備える駅舎は当初より国鉄の施設とは別棟。バスの窓口等を併設していた。◎富山地方鉄道　本線　電鉄富山　1965（昭和40）年6月20日　撮影：荻原二郎

黒部駅までの黒部支線が健在だった頃の電鉄桜井駅前。広場にはボンネットバスの姿が見える。出入り口付近の上屋を支える柱が個性的な駅舎は1951（昭和26）年の竣工。現在も現役の施設である。当駅は1989（平成元）年4月1日に電鉄黒部と改称した。◎富山地方鉄道本線　電鉄桜井　1965（昭和40）年6月20日　撮影：荻原二郎

朝日が差し込む駅構内に金太郎塗装の14750形が入って来た。車両前面に掲出した行先表示板には電鉄桜井駅を略して桜井と書かれていた。またホーム上の駅名票へ目をやると西魚津、電鉄魚津の「うお」を表す漢字が俗字体になっている。時代の移ろいを感じさせる小さな駅の情景だ。◎富山地方鉄道本線　西魚津　1967（昭和42）年5月25日　撮影：荻原二郎

ヘッドマークを掲出して上市のホームに停車する3両編成の電車。先頭は全長18m級の2扉車モハ14721だ。1962（昭和37）年に2両が日本車輌で製造された。1969年に富山県で執り行われた第20回全国植樹祭では昭和天皇陛下、皇后陛下が乗車される特別列車に車両が充当された。◎富山地方鉄道本線　上市　1966（昭和41）年5月3日　撮影：荻原二郎

立山線の起点駅寺田で交換する本線の列車。当駅では本線、立山線ののりば番号を連番にするために変則的な番号付けがされている。駅舎側から4，3，1，2と割り振られる。1番と3番ののりばの間には待合室があり、その一部は信号扱い所になっていた。画面の手前には簡便な造りの構内踏切がある。
◎富山地方鉄道本線　寺田　1966（昭和41）年5月3日　撮影：荻原二郎

スイッチバックの線形を備える上市に新旧車両が停車していた。中央のモハ8020形はもと富山県営鉄道のデ1形。隣のモハ14771は1955 (昭和30) 年製で富山地方鉄道では初のカルダン駆動車だった。電動制御車と制御車2両のみの製造。後に14790形と改番した。◎富山地方鉄道本線　上市　1965 (昭和40) 年6月20日　撮影：荻原二郎

寺田駅を発車した10020形。小振りなヘッドマークを掲出していた。昭和30年代に富山地方鉄道が新製導入した新系列車両の1形式で全長18m級の2扉車だ。昭和40年代の姿は屋上に冷房装置を載せていない流麗なシルエットが際立っていた。◎富山地方鉄道本線　寺田　1966 (昭和41) 年5月3日　撮影：荻原二郎

北陸自動車道を潜る14710形。車両正面の中央部に「宇奈月」と記載されたヘッドマークを掲出していた。地鉄の車両は昭和50年代半ばより冷房化が推進された。しかし老朽化による淘汰が始まりつつあった本形式は改造の対象外となり、最期まで非冷房車のまま運用された。◎富山地方鉄道本線　新宮川〜中加積　1990（平成2）年9月27日　撮影：安田就視

新系列車と手を繋いで本線の運用に就く両運転台を備える電車は14750形。半鋼製車体の武骨ないで立ちだが製造は第二次世界大戦後の1948（昭和23）年だ。登場時、当時の地鉄所属車両としては大出力だった性能を生かし、勾配区間が立ちはだかる立山、宇奈月への直通列車で活躍した。
◎富山地方鉄道本線　越中荏原〜越中三郷　1980（昭和55）年9月13日　撮影：安田就視

大阪と糸魚川、宇奈月温泉を結んでいた急行「立山」。富山で付属編成を切り離し、本線へ乗り入れていた。3両の短編成ながらも、小振りなヘッドマークを掲出していた。糸魚川まで北陸本線を進む編成は富山より快速として運転していた。
◎富山地方鉄道本線　荻生～東三日市　1974（昭和49）年9月2日　撮影：安田就視

富山市郊外で常願寺川を渡る急行「うなづき」。名古屋～宇奈月温泉間を結び、東海道本線、高山本線経由で旧・国鉄路線を通り、富山から富山地方鉄道本線へ乗り入れていた。国鉄のキハ58、28が充当され、末期の姿は全ての車両が冷房化されていた。◎富山地方鉄道本線　越中荏原～越中三郷　1980（昭和55）年９月13日　撮影：安田就視

黒部市内の北部で地鉄の本線は旧・国鉄北陸本線（現・あいの風とやま鉄道）を跨ぐ。線路の向うでは黒部駅前から延びる国道８号への取り付け道路が地鉄と同じく国鉄線を跨いでいる。黒部市の中心地にある地鉄の駅電鉄桜井は1989（平成元）年に所在地の市名を冠した電鉄黒部と改称した。◎富山地方鉄道本線　電鉄石田～電鉄桜井　1990（平成２）年９月27日　撮影：安田就視

黒部市郊外の田園地帯。田んぼには水が入り、地鉄の沿線は田植えの準備に余念がない様子だ。かつての京阪電気鉄道で特急列車として活躍した3000系改め10030形。2両編成で普通列車の運用に就く。京阪の線路幅は標準軌であったため、台車等は1067㎜軌間のものを現在まで何度か履き替えている。
◎富山地方鉄道本線　浦山〜栃屋　1991（平成3）年4月29日　撮影：安田就視

富山地方鉄道 立山線

名峰の名を冠するアルペンルートの序章

路線DATA

起点：寺田	
終点：立山	
路線距離：24.2km	
開業：1913（大正2）年6月25日	

　本線の寺田と北アルプスを巡る立山黒部アルペンルートで富山県側の麓駅となる立山を結ぶ。

　寺田～五百石間は現在の本線滑川～寺田間と共に立山軽便鉄道が軌間762mmの軽便鉄道として大正期に開業した。立山軽便鉄道は立山鉄道と改称後に五百石～立山（現在の岩峅寺付近）間を延伸開業した。立山鉄道の路線は富山電気鉄道に合併された後に軌間1,067mm。架線電圧1500Vの電化路線となった。また旧・立山駅は廃止され、代わりに電車は富山県営鉄道岩峅寺へ乗り入れを開始した。

　岩峅寺～粟巣野間は富山県営鉄道が常願寺川の治水事業を目的として建設した。第二次世界大戦下で末端区間が県営の電力事業と共に日本発送電へ移譲された。しかし、程なくして成立した富山地方鉄道へ全ての区間が統合された。末端区間である粟巣野～千寿ケ原（現・立山）間は富山地方鉄道が開業。小見（現・有峰口）～千寿ケ原間は開業後の一時期、立山ケーブル等を運営する立山開発鉄道（現・立山黒部貫光）へ譲渡された。しかし後に同区間は富山地方鉄道へ再譲渡されて現在に至る。

　線路は寺田より立山町内を南下する。不二越線との合流地岩峅寺を過ぎ、横江付近から車窓の南側に暴れ川として名を馳せた常願寺川が近づく。千垣～有峰口間に架かる橋梁は下部トラスのアーチ形状。終点より一つ手前の駅本宮を発車すると沿線の谷はいよいよ深くなり、再び常願寺川を渡って、美女平へのケーブルカーが待つ立山に到着する。

富山地方鉄道の宇奈月温泉駅は1923（大正12）年11月に黒部鉄道の桃原駅として開業し、1924（大正13）年3月に宇奈月駅へと改称されている。現在の駅名になったのは1971（昭和46）年8月である。写真は昭和戦前期、黒部鉄道時代の駅舎とホームで、電車の姿もある。◎昭和戦前期　所蔵：生田 誠

実りの秋を行く茶色塗装のモハ7530形とモハ1050形。共に相方となる制御車があるもののやって来た列車は電動制御車2両で組成されていた。モハ7530形は富山電気鉄道が1941（昭和16）年に製造した元モハ210形。第二次世界大戦時の車両だが、扉部分の枠等はデザイン性を感じさせる大きな曲線で表現されていた。
◎富山地方鉄道立山線　沢中山〜岩峅寺　1980（昭和55）年2月5日　撮影：安田就視

本線、立山線とも、急曲線上にホームが設置された寺田駅。立山線の途中駅岩峅寺の行き先表示板を着けた旧型車が停車していた。寺田〜岩峅寺間は大正期に立山鉄道が開業した五百石〜立山間の一部。◎富山地方鉄道立山線　寺田　1962（昭和37）年5月28日　撮影：荻原二郎

名古屋鉄道から地鉄に移籍した14710形。1973（昭和48）年に立山線の特急が増発され、同車両の一部が特急仕様に改装された。外装は当時の新鋭客車であった旧・国鉄12系に倣い、明るい青地に白線を巻いた塗装となった。また客室扉間の座席をロングシートから固定式のクロスシートに替えた。◎富山地方鉄道立山線　釜ヶ淵〜沢中山　1973（昭和48）年9月1日　撮影：安田就視

本線と立山線が離合する駅寺田。富山方面から延びて来た線路はホーム手前で二手に分かれる。その先に本線と立山線のホームが別個にある。それぞれのホームは対向式2面2線で列車の交換施設を備える。並んでいない構内は眺める角度により別々の駅であるかのように見える。◎富山地方鉄道立山線　寺田　1990（平成2）年9月27日　撮影：安田就視

ヘッドマークを掲出して颯爽と走る14720形。前照灯が2つになり、屋上に冷房装置を載せた更新化後の姿だ。新製当初は3両編成だったが、後にサハ221、222の中間車2両を制御車に改造して2編成4両の形式となった。
◎富山地方鉄道立山線　五百石〜榎町　1990（平成2）年9月27日　撮影：安田就視

富山地鉄線内で顔を合わせた
立山線の特急と国鉄の急行
「立山」。北陸本線ではお馴染
みの急行形電車が私鉄へ延長
運転する企画は、軌間が同じ
国鉄路線と地鉄なればこそ実
現した。乗り入れは1982（昭
和57）年11月のダイヤ改正で
定期列車が廃止されるまで続
いた。◎富山地方鉄道立山線
1972（昭和47）年

昭和末期の地鉄標準色で塗装
された14710形。もと名古屋
鉄道の3800系である。昭和
40年代に入り、名鉄内での淘
汰が始まった同形式を譲り受
けたもの。当初は貸出しとい
う名目であった。1967（昭和
42）、68年に7編成14両が導
入された。
◎富山地方鉄道立山線　五百
石〜榎町　1990（平成2）年
9月27日　撮影：安田就視

常願寺川と称名川の合流地付
近にある立山駅。北陸の深い
谷間に春の訪れは遅く、駅前
の桜は5月半ばに入ってよう
やく満開を迎えていた。周囲
は霧に霞む中、上り列車が静
かにホームを離れた。駅舎の
2階にはレストランの明かり
が灯り、遠来の観光客を店内
へ誘っていた。
◎富山地方鉄道立山線　立山
1991（平成3）年5月24日
撮影：安田就視

富山地方鉄道 不二越線

市内南東部を縦断する鉄道線

路線DATA

起点：稲荷町	
終点：南富山	
路線距離：3.3km	
開業：1914（大正3）年12月6日	

本線の駅稲荷町から富山市内を南下し、大町町内の南富山に至る路線。同駅は上滝線の起点である。また路面軌道である市内線の終点、南富山停留場が隣接する。

大正期に富山軽便鉄道が建設した富山〜笹津間の鉄道が路線の祖である。富山軽便鉄道は富山鉄道と改称した後、昭和期に入って解散。堀川新（後の南富山）〜笹津間は廃止され残存区間は富南鉄道に引き継がれた。1941（昭和16）年に富南鉄道は所有路線を富山電気鉄道に譲渡して路線名は富南線となった。さらに富山地方鉄道の成立時に電鉄富山〜粟巣野間を立山線とした。電鉄富山〜稲荷町間は本線と単線並列の線形だった。1969（昭和44）年に路線名が変更され稲荷町〜南富山間を不二越線とした。この名称は沿線に工場を持つ工作機械メーカーに由来する。

稲荷町駅の構内には本線と別に不二越線のホームがある。車庫のある車両基地を横目に電車は市街地を南へ走る。車窓の東側に路線名となった株式会社不二越の広大な施設を見て大泉付近で4車線ある県道を横切る。市内を流れるいたち川を渡り、路面電車が走る県道を通り過ぎると終点の南富山。全ての列車は当駅から先の上滝線へ直通する。

不二越線より電鉄富山駅へ向かう仕業に就くモハ8060形。もと富山県営鉄道のデハニ4形である。窓下の位置が次位の電車よりも高く、小さな窓とリベットが並ぶ姿は黎明期の鉄道線用電車を彷彿とさせる。1927（昭和2）年に日立製作所で製造された。◎富山地方鉄道不二越線　南富山　1962（昭和37）年5月28日　撮影：荻原二郎

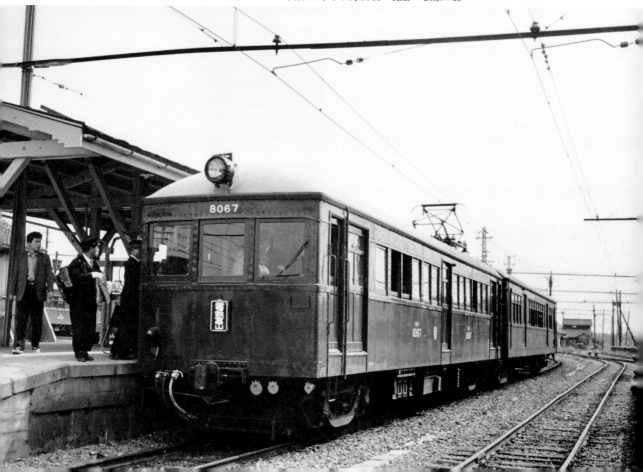

本線の稲荷町から分岐して富山市内軌道線との連絡駅である南富山まで延びる不二越線。全ての列車は本線の起点駅電鉄富山から発着しており、南富山から上滝線へ乗り入れる。そのために列車の運用上は不二越、上滝線と呼ばれることが多い。
◎富山地方鉄道不二越線　大泉～南富山　1984（昭和59）年6月　撮影：安田就視

富山地方鉄道 上滝線

市南部から延びるもう一つの立山線

路線DATA

起点：南富山	
終点：岩峅寺	
路線距離：12.4km	
開業：1921（大正10）年4月25日	

　軌道線と鉄道線の電車が集まる南富山と立山線の岩峅寺を結ぶ。大正中期に富山県営鉄道が南富山〜上滝間。上滝〜岩峅寺間を相次いで開業した。さらに同鉄道は現在の立山線内となる岩峅寺〜千垣間を建設した。昭和期に入って路線は架線電圧600V

で電化。1937（昭和12）年には1,500Vに昇圧した。富山地方鉄道の成立時に同社の立山線となる。そして1969年の路線名変更により南富山〜岩峅寺間を上滝線と改称した。

　富山市の郊外部をなぞるように東へ進む電車は新興住宅地の中を軽快に走る。途中、開発を過ぎた辺りからは車窓に田畑が目立ち始める。未だ幅の広い常願寺川を渡り、右手に急曲線を描くと2階建ての木造駅舎が目を引く岩峅寺に到着する。不二越線の起点である稲荷町同様、当駅でも立山線と上滝線のホームは別個にある。

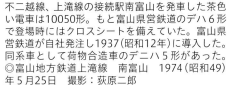

不二越線、上滝線の接続駅南富山を発車した茶色い電車は10050形。もと富山県営鉄道のデハ6形で登場時にはクロスシートを備えていた。富山県営鉄道が自社発注し1937（昭和12年）に導入した。同系車として荷物合造車のデニハ5形があった。
◎富山地方鉄道上滝線　南富山　1974（昭和49）年5月25日　撮影：荻原二郎

雪景色に映えるクリーム色と赤の二色塗装を纏った旧型電車はモハ12500形。黒部鉄道が1937（昭和12）年に製造した元デ51、52である。黒部鉄道を吸収合併した富山電気鉄道が自社路線の架線電圧を600Vから1500Vに昇圧した際、合わせて昇圧化改造を施工された。◎富山地方鉄道上滝線　岩崎寺〜大川寺遊園1980（昭和55）年2月5日　撮影：安田就視

富山地方鉄道 富山市内軌道線

再生となった路面電車

路線DATA
起点：南富山駅前停留場	
終点：大学前停留場	
路線距離：7.6km	
開業：1913（大正２）年9月1日	

　富山市内を行き交う路面電車。南富山駅前から市内の繁華街を通り電鉄富山駅・エスタ前に至る3.6kmの区間を本線とする。その他電鉄富山駅・エスタ前から県庁、富山城址の前を通って丸の内へ至る支線。安野屋線、呉羽線、富山都心線、富山駅南北接続線を合わせ7.6kmの路線を持つ。このうち1.1kmは富山市が所有する。

　大正期に富山電気軌道が開業した本線、富山駅前〜共進会場間と支線、富山駅前〜総曲輪〜西町間が路線の始まりだった。本線は堀川新駅前（後の南富山駅前）まで延伸。市内を東西に走る呉羽線が開業

した後に路線は富山市へ譲渡された。富山市営軌道となった後も路線は市内各所へ延伸されたが、富山地方鉄道が成立すると市営鉄道も新会社に吸収合併された。

　戦後は自動車の台頭とそれに伴う市内交通の渋滞緩和策に基づき、多くの路線が休止、廃止の運命を辿った。そのような状況下において市街地域で実施されていた環状運転や鉄道線への乗り入れも取り止めとなった。しかし、平成期に入り路面電車が環境、経済に優しい乗り物として再評価される風潮となり、富山都心線、富山駅南北接続線が開業。今後も上滝線への直通運転等が検討され、公共交通としての発展が期待される。

　富山駅では北陸新幹線駅の直下まで軌道が乗り入れる。また、市街地においては半時計周りの環状運転を実施している。

「模範路」と記された堤町通りを走る富山市営軌道（現・富山地方鉄道富山市内軌道線）の電車である。現在は、西町停留場から西に伸びる路線だけの道路だが、かつては1928（昭和3）年に開業し、東堤町停留場、中教院前停留場方面へと進む東部線が1984（昭和59）年まで存在していた。◎昭和戦前期　所蔵：生田　誠

富山市営軌道として運行していた時代の路面電車が、西町交差点付近を走行する姿である。現在は富山地方鉄道の富山市内軌道線となっている路線は、富山駅前から南下して、中町、西町停留場へと進んでいった。この絵葉書からは、交差点に市営電車、自動車の待合所が置かれていたことがわかる。
◎昭和戦前期　所蔵：生田　誠

富山駅前に停車する笹津線直通の電車。電停の看板にも笹津の記載がある。デ5010形は富山市内軌道線と射水線、笹津線間の直通運転用として1950（昭和25）年に日本車輛製造（現・日本車両）、汽車製造で30両が製造された。交床型の電車だが、乗降扉の位置が軌道線のホームに合わせて低い。
◎富山地方鉄道富山市内軌道線　富山駅前　1965（昭和40）年 6 月20日　撮影：荻原二郎

市内線の鉄路は路面軌道。道路からほんの少し嵩を上げられた乗降ホームの側に富山駅前行きの7000形が停まっていた。運転士は車内で確認作業を行っているようで発車までには少し時間があるようだ。笹津線が健在であった頃は鉄道線と軌道の直通運転が行われていた。画面奥には鉄道線の電車が見える。
◎富山地方鉄道富山市内軌道線　南富山　1967（昭和42）年 5 月25日　撮影：荻原二郎

北陸本線等が通る旧・国鉄（JR西日本→あいの風とやま鉄道）富山駅の前を横切る道路上に長らく富山駅前停留場があった。
軌道線は2015（平成27）年に富山駅直下への乗り入れを果たし、より便利な公共交通施設になった。
◎富山地方鉄道富山市内軌道線　富山駅前　1972（昭和47）年6月12日　撮影：安田就視

より便利に富山の市内電車

富山港線が富山地鉄へ

　大正期に富岩鉄道として開業。その後、富山電気鉄道との合併、国有化、第三セクター化と流転の歴史を刻んできた富山の湾港部へ向かう電車道。富山ライトレールは2020（令和2）年2月22日に富山地方鉄道へ吸収合併された。それにより同社が運営してきた富山港線は実に77年ぶりに地鉄の路線へ返り咲いた。

　富山港線が富山地方鉄道の路線となったことに伴い、北陸新幹線等が乗り入れる富山駅を境として分断されてきた富山市内の路面軌道網は一体感の強い地域交通施設へ変貌を遂げつつある。2019年から2020年にかけて両軌道の接続工事が完成し、それまで富山港線単独で運転していた列車の一部が、市内軌道線へ乗り入れる運行形態となったのだ。新興住宅地が目立つ沿線の状況を見れば、富山市臨海部の住民にとって電車の利便性がより向上したことは間違えあるまい。

　路面電車淘汰の風潮を覆し、新線区間の開業や感情運転の復活を成し遂げてきた地鉄。富山の街中を軽快に走る電車は更なる発展を期待されている。

◎富山ライトレール　岩瀬浜　2018（平成30）年7月

商店街が続く西町交差線。歩道に被さる重厚な面持ちの
上屋は昭和の街並を彷彿とさせる。7000形はそんな懐か
しさを醸し出す街の風景に良く馴染む。世が平成になっ
てからも路面軌道の主役だった。電車の屋根側面に掲げ
られた広告看板が目を引く。◎富山地方鉄道富山市内軌
道線　西町　1990（平成２）年９月　撮影：安田就視

北陸新幹線の早期建設を訴える看板が建つ旧・国鉄の富山駅前。富山市内軌道線は路線の縮小や運転形態の合理化が進められ不遇をかこった時代だ。平成期に入って実施された駅ビルの建て替えに際して軌道は駅の直下に乗り入れ、重要な交通機関として息を吹き返した。◎富山地方鉄道富山市内軌道線　富山駅前　1982（昭和57）年8月21日　撮影：安田就視

道路上の軌道線部分は石畳になっていた。西町界隈は商店が並ぶ繁華街。路面電車の背後には家電メーカーの大きな看板が顔を覗かせる。交差点に入ると直進して南富山へ向かう路線から右折して市街地の循環線へ入る軌道が分かれる。南富山行きと表示した電車の後方にもう一台電車が見える。
◎富山地方鉄道富山市内軌道線　西町　1972（昭和47）年6月12日　撮影：安田就視

戦前には富山市営軌道だった富山市内の路面電車は、1943（昭和18）年1月に富山地方鉄道の富山市内軌道線となった。これは国鉄時代の富山駅を背景にした2両の路面電車の姿である。なお、富山駅は太平洋戦争時、1945（昭和20）年8月の富山大空襲で全焼し、1953（昭和28）年にこの駅舎が誕生した。◎昭和戦後期　所蔵：生田 誠

富山市内軌道線で繁華街が続く県道を南下した終端部の停留場南富山。軌道の末端部には異なる行先幕を掲出した7000形が停車していた。画面奥に不二越線、上滝線の駅南富山の駅舎が見える。屋上にある踏切警報器が微笑ましい。
◎富山地方鉄道富山市内軌道線　南富山　1984（昭和59）年6月10日　撮影：安田就視

万葉線

まんようせん

◎高岡駅前　撮影：山田虎雄

現役路線 高岡軌道線 たかおかきどうせん

七夕飾りを揺らす路面電車

路線DATA

起点：高岡駅前
終点：六渡寺
路線距離：7.9km
開業：1948（昭和23）年4月10日

　あいの風とやま鉄道高岡駅前に設置された高岡駅停留場と小矢部川と庄川に挟まれた砂州上にある六渡寺駅を結ぶ軌道線。富山地方鉄道が1948（昭和23）年に地鉄高岡〜伏木港間を伏木線として開業したのが路線の始まり。米島口〜新湊（現・六渡寺）間が開業すると射水線を経由して地鉄高岡〜富山市内軌道線西町間の直通運転が始まった。1959（昭和34）年に地鉄高岡〜伏木港間、米島口〜新湊間が加越能鉄道へ譲渡された。1971（昭和46）年に米島口〜新湊間が廃止されて現在の路線形態になった。そして2002（平成14）年に全線が万葉線へ譲渡された。

　例年8月の七夕祭り開催時には笹飾りが彩る高岡駅前の商店街を進んだ路面電車は、片原町手前で国道156号を右折して海側へ進む。国道8号を潜り、車両基地が置かれた米島口を過ぎて大きく右折。県道上の併用軌道を辿り軌道線の終点六渡寺へ至る。電車はここから先、新湊港線へ直通する。

現役路線 新湊港線 しんみなとこうせん

軌道線と直結する鉄道線

路線DATA

起点：越ノ潟
終点：六渡寺
路線距離：4.9km
開業：1930（昭和5）年12月23日

　高岡軌道線の終点六渡寺と富山港湾口部にある越ノ潟を結ぶ鉄道線。かつて富山市内の新富山駅と新湊駅を結んでいた射水線の内、富山新港の拡張工事に伴い廃止された部分を除く区間を指す。大正期に越中電気軌道が開業した富山北口〜四方間が路線の始まりだが、現存区間が開業したのは昭和初期に入ってからだった。越中電気軌道は越中鉄道と改称し1943（昭和18）年に富山地方鉄道と合併。さらに射水線の内、越ノ潟〜新湊（現・六渡寺）間は加越能鉄道へ1959（昭和34）年に譲渡された。1976（昭和51）年には台風17号がもたらした大雨により庄川橋梁が流失。路線の存廃が取りざたされたが存続を願う沿線住民等の声が実を結び翌年に復旧した。2002（平成14）年には高岡軌道線と共に新会社万葉線へ譲渡された。

　高岡から軌道線を進んで来た電車は六渡寺を出るとすぐに庄川を渡る。国道415号の南側に続く住宅街を縫って進む。富山新港へ注ぐ内川を渡るとその先は工場が建ち並ぶ工業団地。湾岸の東端部に終点越ノ潟駅がある。

新高岡〜富山地方鉄道市内線間の直通運転を取り止めた後の高岡軌道線。高岡駅前に路面仕様の電車が停車していた。軌道は画面左手の商店街へ続く。未だ駅前広場や隣接する主要道に自動車の姿は少なく、街中に長閑な雰囲気が漂っていた。
◎加越能鉄道高岡軌道線　新高岡　1962（昭和37）年5月28日　撮影：荻原二郎

国鉄駅舎に隣接していた高岡軌道線の起点駅新高岡（現・高岡駅前）。もとは富山地方鉄道の路線であり、駅前へ移転する以前は駅舎が設置されていた。建物横には旅行会社が軒を構え、鉄道駅が駅前の奥まった場所へ追いやられている雰囲気がある。出入り口付近には行先方面を記載した看板を掲げていた。
◎加越能鉄道高岡軌道線　新高岡　1962（昭和37）年5月28日　撮影：荻原二郎

街中の軌道上を行くデ7070形。高岡軌道線が加越能鉄道の路線となった後の1967 (昭和42) 年に増備された。富山地方鉄道の7000形とほぼ同形だが、車体中央部にあった車掌席がなくなり、その部分の座席が延長されて着席定員が増えた。
◎加越能鉄道高岡軌道線　市民病院前　1974 (昭和49) 年5月25日　撮影：荻原二郎

商店街を抜けて駅前広場に入って来たデ5000形。車内は鉄道線で使用されていた車両と同様の高床式である。乗り降りの際、路面軌道の停留場等に対応できるように出入り口に二段のステップを備えていた。二両運転等の際に使用された連結器は後に撤去された。◎富山地方鉄道高岡軌道線　地鉄高岡　1958 (昭和33) 年11月3日　撮影：荻原二郎

駅前通りの手前で離合した伏木線へ向かう7000形と越ノ潟から高岡駅前へ向かう5010形。鉄道線と軌道線の直通運転用に製造された5010形は射水線と高岡軌道線が繋がっていた時代より両路線に投入された。路線が加越能鉄道へ譲渡された後も高岡軌道線、新湊港線で使用された。◎加越能鉄道高岡軌道線　片原町　1967（昭和42）年5月23日　撮影：荻原二郎

高岡駅前の商店街を通り、片原町交差点へ出ると、電車は右へ90度向きを変えて国道156号線に入る。電車は新湊港線の途中駅である中新湊行き。国道と一筋挟んで並行する源平町の通りにはかつての豪商が建てた土蔵等、高岡の歴史を物語る建物がある。◎加越能鉄道高岡軌道線　片原町　1972（昭和47）年6月12日　撮影：安田就視

高岡軌道線は第三セクターが運営する現在に至るまで、沿線住民の身近な足として親しまれてきた。雨上がりの起点駅に停車する路面電車へ、買い物帰りと思しき大勢の女性客が乗り込んで行った。電車の行先は新湊港線の終点越ノ潟だ。
◎加越能鉄道高岡軌道線　高岡駅前　1972（昭和47）年6月12日　撮影：安田就視

米嶋口から国道415号と僅かな区間を並行する間にJR氷見線、貨物線の新湊線を跨ぐ。平成期に入って列車の運転本数が少なくなっていた貨物線のレールは、僅かに輝きを残すものの錆が目立つ。交差点の向う側には工場、倉庫が建ち並ぶ。
◎加越能鉄道高岡軌道線　能町口～米島口　1990（平成2）年9月23日　撮影：安田就視

国道415号線と並行して幅の広い庄川の河口付近を渡る。国道は上下線に分けられて2本の橋が架かる。それに対して鉄道橋は単線。プレートガターの桁が連続する橋梁は、路面仕様の小振りな電車と相まって思いの外長く見えた。
◎加越能鉄道高岡軌道線　庄川口〜六渡寺　1990（平成2）年9月23日　撮影：安田就視

富山地方鉄道の路線であった時代に射水線の分断で高岡方の終点となった越ノ潟。平成初期には未だ両側に線路2線があったホームには軌道線用の7000形が停っていた。画面奥には鉄道と同じく湾港の建設で寸断された県道の役割を果たす渡船が停泊している。◎加越能鉄道新湊港線　越ノ潟　1990（平成2）年9月23日　撮影：安田就視

黒部峡谷鉄道 本線

車内に居ながらにして森の風を感じる

路線DATA

起点：宇奈月	
終点：欅平	
路線距離：20.1km	
開業：1926（昭和2）年10月23日	

　昼なお暗い黒部川の谷間へ分け入る観光鉄道。富山地方鉄道本線の終点宇奈月温泉に隣接する宇奈月と欅平を結ぶ。本来は発電所への人員、資材等の輸送に用いられた。しかし登山旅行者等から乗車を求める声が絶えず、便乗というかたちで旅客輸送を行った。後に路線を譲渡された関西電力が、地方鉄道法に基づく免許を得て鉄道線としての営業を始めた1953（昭和28）年だった。

　運行期間は例年4月下旬から11月。積雪量が多く、雪崩等の災害が懸念される冬季は運休する。窓ガラス等の仕切りがない開放形。小振りな密閉形の客車をオレンジ色のディーゼル機関車が牽引する。

　宇奈月を出るとすぐに雄大な下部トラスのアーチ橋で黒部川を渡る。宇奈月ダム、出し平ダムと木々の間に黒部川を堰き止めて満々と水を湛える人口湖を望む。鐘釣の手前で再び黒部川を渡り、大小のトンネルを抜けて車内に光が差し込むと小屋平ダムの畔に建つ小屋平。ダムの保守等、電力会社の関係者が利用する当駅で一般客の乗降はできない。道中の大部分は再びトンネルとなり、標高599mの終点欅平に到着する。旅客扱いは当駅までだが線路は黒部川沿いに新黒部川第三発電所付近まで延びている。

編成に資材を積んだ貨車が入った混合列車の先頭に立つED形電気機関車。専用鉄道時代、黒部川第三発電所建設に伴い導入された東洋電機製造製の凸型機関車である。営業期間中は欅平駅に常駐していることが多い。駅より先の関西電力黒部専用鉄道内での入れ替え作業や、本線での工事列車牽引を受け持つ。◎黒部峡谷鉄道本線　欅平　1972（昭和47）年

富山地方鉄道の終点駅宇奈月温泉を出ると前方に大きな三角屋根を持つ建物が見える。黒部峡谷鉄道の起点宇奈月だ。山小屋を彷彿とさせる駅舎の改札口を通って渓谷への旅が始まる。ホームでは特異な形をしたオレンジ色の列車が停車している。
◎黒部峡谷鉄道本線　宇奈月　1990（平成2）年9月28日　撮影：安田就視

モーター音を唸らせて上り列車が橋梁をゆっくりと渡って来た。線路には脱線防止用のレールがある。軌間762㎜の車両を正面がちに見ると、台車に取り付けられた砂箱等の機器が足回りを大きく見せ、狭い幅の車体がその上にちょこんと載っているかのように見える。◎黒部峡谷鉄道本線　宇奈月　1980（昭和55）年9月13日　撮影：安田就視

宇奈月を出ると程なくして黒部川を渡る。下部トラスの雄大なアーチ橋は小さな列車をより小さく見せる。ゴールデンウイークの初日を迎えて密閉型と開放型客車の混結列車は結構な長編成。小振りなD形電気機関車が重連で牽引する。◎黒部峡谷鉄道本線 宇奈月～柳橋 1991（平成3）年4月29日 撮影：安田就視

谷間を吹き抜ける涼風を肌で感じながらトロッコ列車の旅を楽しむことができる開放型客車。ハ形は朝顔形の連結器を装備した2軸車両でいかにも軽便使用といういで立ちだ。もとは第二次世界大戦前に製造された貨車である。現在は職員の移動用等に用いられる。◎黒部峡谷鉄道本線　欅平　1973（昭和48）年9月2日　撮影：安田就視

終点駅欅平の構内で線路は緩やかな曲線を描く。ホーム1面1線の簡潔な線形だが長いホームには列車2本が停車できる。線路の東側を黒部川が流れ、午前中の列車で到着すると木々が茂る稜線の上から駅に陽光が差し込む。
◎黒部峡谷鉄道本線　欅平　2000（平成12）年11月4日　撮影：安田就視

急曲線の先には先頭に立つ機関車が見えた。凸型車体のED形は1935（昭和10）年から当鉄道に在籍する古豪。近年では欅平での入れ替え作業が主な運用だったが、イベント列車等で本線の列車牽引に当たる機会もある。
◎黒部峡谷鉄道本線　1973（昭和48）年９月２日　撮影：安田就視

1930（昭和５）年の高岡駅周辺

陸軍参謀本部陸地測量部発行「1/25000地形図」

駅前通りの道は細く、新湊方面への軌道はまだない。大正時代に中越鉄道から国有化された氷見線、城端線は市内を南北に貫く。一方、北陸本線は東西方向に延び、現在に至る十字状の路線図を既に形成している。高岡駅の南側には広大な水田が広がり、長閑な情景を窺わせる。

1968（昭和43）年の高岡駅周辺

建設省国土地理院発行「1/25000地形図」

市役所が建つ高岡城址西側には広い道が整備され、かつて水田があった道の周辺は市街地化している。商店街がある末広町付近の道も拡幅され、加越能鉄道の路面軌道が高岡駅前まで延びている。駅の印が記載された場所には小さいながらも駅舎があった。また、高岡駅の南側には紡績工場があり、城端線から引き込み線が延びていた。

富山地方鉄道 射水線

湾港開発で途切れた新湊の電車道

路線DATA

起点：新富山

終点：新湊（現・六渡寺）

路線距離：19.9km

開業：1924（大正13）年10月12日

廃止：1980（昭和55）年4月1日

富山市内で神通川の西岸に設置された新富山と庄川西岸の砂州上にある新湊を結んでいた路線。

1924（大正13）年に越中電気軌道が富山北口～四方間を開業。翌年に聯隊橋（後の新富山）～富山北口、四方～打出浜間を開業し路線を拡大した。昭和期に入って打出浜以西の路線が徐々に延伸され1933（昭和8）年に新伏木口（現・六渡寺）までの区間が開業した。

1943（昭和18）年。富山地方鉄道成立に伴い、越中電気軌道から改称していた越中鉄道は合併されて路線は新会社の射水線となった。

昭和30年代に入り、富山湾に面した放生津潟の東部を切り開いて富山新港を建設する案が浮上した。射水線で湾岸を走る区間は湾口部を広げる地域に掛かる堀切（後の新港東口）～越ノ潟間が1966（昭和41）年に廃止された。同時に越ノ潟～新湊（現・六渡寺）間は加越能鉄道に譲渡された。

射水線として存続した区間を経て高岡方面へ移動する際には越ノ潟まで代行バス、渡船に乗り換えねばならず利便性は低下した。急激な利用客の減少が路線の廃止案を浮上させた。業績の向上を図り利用増の目標値を掲げるも達成には至らず、1980（昭和55）年に射水線として残っていた全線が廃止された。富山湾沿いの廃線跡は現在、サイクリングロードとして整備されている。

低い木々の間に見えるサッカーゴールが置かれた広場は射水線の駅名にもなっている射北中学校の校庭。周囲には家が建て込み住宅街の様相を呈していた。しかし線路の両側には草木がうっそうと茂る。道床にまで入り込んだ草は路線の終焉が近いことを物語っているかのようだった。
◎富山地方鉄道射水線　海老江～射北中学校前　1973（昭和48）年9月1日　撮影：安田就視

射水市内の草岡地区では東西に家並みが続き、その中を横切る県道と用水路の間に軌道が並んで通っていた。僅かに畑地が残る農家の庭先には黄色い花を咲かせた菜の花。その向こうを小さな電車が春風のごとく駆け抜けて行った。
◎富山地方鉄道射水線　射北中学校前～堀岡　1974（昭和49）年４月19日　撮影：安田就視

射水線が健在であった頃、海浜公園に近い射水市内の海老江地区では沿線に広々とした田園風景があった。線路端につくられた畑の硬く茶色い土はまだ冬の装いを残していたが、鯉のぼりや菜の花が沿線に春の到来を告げていた。青空にモーター音が響き、古豪デ5010形が姿を現した。◎富山地方鉄道射水線　本江～打出　1974（昭和49）年４月19日　撮影：安田就視

富山湾に面した富山市四方地区にあった射水線の四方駅。金融機関や図書館、小学校等が集まる地域の中心地付近にあった。
軌道線へ乗り入れられる仕様の5010形は2両編成。ホームは路面軌道用の電車に対応できるほど低かった。
◎富山地方鉄道射水線　四方　1974（昭和49）年5月25日　撮影：荻原二郎

神通川の堤防下付近にあった射水線の起点駅新富山。駅舎は鉄筋コンクリート造りの2階建てだった。改札口を出ると駅舎
よりも少し低くなった場所に1面2線の頭端式ホームがあった。また、同駅と市内軌道線を結ぶ連絡線が駅舎の西側に敷設
されていた。◎富山地方鉄道射水線　新富山　1974（昭和49）年5月25日　撮影：荻原二郎

射水線の主力として活躍していたデ5010形。市内線からの乗り入れに用いられた1950（昭和25）年製の車両だ。越ノ潟～新湊（現・六渡寺）間が加越能鉄道へ移譲されると共に14両が加越能鉄道へ移籍した。後に8両が富山地方鉄道へ戻った。
◎富山地方鉄道射水線　新富山　1962（昭和37）年5月28日　撮影：荻原二郎

富山新港の建設拡幅工事で射水線が射水方と新湊方に分断された際、射水線として残った区間の終点駅として設置された新湊東口。それまで途中駅であった堀切を休止の上、港方へ100m進んだ位置で開業した。昭和40年代末期にはホーム1面1線の棒線駅となっていた。◎富山地方鉄道射水線　新湊東口　1974（昭和49）年4月19日　撮影：安田就視

富山地方鉄道 笹津線

消えた国鉄線との競合区間

路線DATA

起点：南富山	
終点：地鉄笹津	
路線距離：12.4km	
開業：1914（大正3）年12月6日	
廃止：1975（昭和50）年4月1日	

　富山地方鉄道南部の拠点駅である南富山と旧・国鉄（JR西日本）飛越線（後の高山本線）笹津に隣接する地鉄笹津を結んでいた富山市の近郊路線。

　大正期に富山軽便鉄道が富山（現・電鉄富山）〜笹津間に開業した路線が笹津線の祖となる。富山軽便鉄道は富山鉄道と改称して営業を続けたが昭和初期の不況下で業績は落ち込み、所有路線を手放して解散することとなった。富山〜堀川新間は新規に立ち上げられた富南鉄道へ譲渡され、堀川新〜笹津間は廃止された。しかし廃止後に富山市を始めとした旧沿線市町村等の自治体が富山笹津間鉄道建設期成同盟会を立ち上げ笹津線の復活を模索し始めた。そ

の意向は後に成立した富山地方鉄道によって実現した。1950（昭和25）年に南富山〜大久保町間が開業。1952年に大久保町〜地鉄笹津間が延伸開業して全通に至った。

　南富山を出た電車は飛騨地方へ続く国道41号と共に進路を南へ取る。土川、熊野川を渡り神通川の岸辺にほど近い地鉄笹津が終点であった。笹津線の構内は隣接する国鉄高山本線の笹津と跨線橋で連絡していた。国鉄線との間では貨物の授受も行われていた。また近くの敷島紡績笹津工場へ延びる専用線があり、凸型電気機関車のデキ6500形が使用された。

　新生笹津線の開業後、高度経済成長期に入ると経路が重なる国道41号が整備され始めた。また富山から笹津方面へ行くには国鉄高山本線の利用が至便だった。そのような状況下で元々富山市街地から離れるほど人口が少なくなる沿線で業績は再び赤字を重ねた。富山地方鉄道は社の業績改善に向けた方策として笹津線の廃止を決定。1975（昭和50）年4月1日を以って全線が廃止された。

嵩が低いホームで発車時刻を待つデ5010形。一見、黎明期の小型車両にも見えるいで立ちだが第二次世界大戦後の1950（昭和25）年製である。前面に取り付けられた横縞形の排障器やステップを備える扉は路面軌道へ乗り入れる車両には必須の装備だ。◎富山地方鉄道　笹津線　笹津　1962（昭和37）年5月28日　撮影：荻原二郎

古木に咲く桜の花を揺らしてデ5010形が2両編成でやって来た。同車両は新製時、機器が直接制御式であった。そのため複数の車両を連結して運転する際には1両ずつに運転士が乗務し協調運転を行った。しかし1962（昭和37）年から間接総括制御ができるようにジャンパ栓等の取り付け改造が施工された。
◎富山地鉄笹津線　地鉄笹津～敷紡前　1974（昭和49）年4月19日　撮影：安田就視

熊野川は富山市内を流れる神通川の支流。四月半ばの堤では鯉のぼりが優しい風を受けてたなびいていた。芽吹き始めた灌木越しに橋を渡る単行電車はデ5010形。ほのぼのとした光景には12m級の車体を持つ小柄な車両が良く似合う。
◎富山地鉄笹津線　大久保町～伊豆ノ宮　1974（昭和49）年4月19日　撮影：安田就視

加越能鉄道 加越線

富山の私鉄希有の非電化路線

路線DATA

起点：石動	
終点：庄川町	
路線距離：19.5km	
開業：1915（大正4）年7月21日	
廃止：1972（昭和47）年9月16日	

　小矢部市内で旧・国鉄北陸本線（現・あいの風とやま鉄道）石動駅に隣接する石動と庄川町（現・砺波市）内の庄川を結んでいた鉄道線。

　砺波鉄道が大正期に福野～青島町（後の庄川町）間を開業。砺波鉄道は金沢と福野を結ぶ鉄道を計画して設立された金福鉄道を合併し、加越鉄道と改称した後に石動～福野間を延伸開業した。加越鉄道は富山地方鉄道成立時に合併され、本路線は同社の加越線となった。そして1950（昭和25）年には新たに設立された加越能鉄道へ譲渡された。

　富山県下の私鉄がほとんど電化路線であったのに対し、加越線は終始非電化路線であった。石動から県道沿いに小矢部川の西岸を進んだ列車は、藪波～津沢間で川を渡り福野町（現・南砺市）内へ入る。福野は旧・国鉄（現・JR西日本）城端線の駅と隣接。ホーム間は跨線橋で行き来できた。福野からは国道471号と同様の経路で東方へ進み、庄川の岸辺周辺に広がる庄川町の街中にあった庄川が終点だった。

　路線は沿線の庄川ダム建設時に建設資材等の貨物輸送で活況を呈した。しかし、ダム工事が終わると業績は低下の一途を辿った。都市部から離れた路線の維持は厳しく1972（昭和47）年9月16日に全線を廃止した。廃止後は相当する区間を路線バスで代替した。

車体長16m級のキハ12。戦前製の気動車としては大柄な車両だった。正面窓は2枚で車端部は丸みが強いデザインになっている。出力100PSの機関を備えていたが第二次世界大戦下で燃料が不足していた時期には客車として運用されていた。
◎加越能鉄道加越線　福野　1962（昭和37）年5月29日　撮影：荻原二郎

国鉄（現・JR西日本）城端線と連絡する福野駅のホームに掲げられていた加越線の時刻表。日中は上下列車共2時間に1本ほどの運転頻度。列車の行き違いができる施設を備えていたが、実際に交換風景が見られた機会は1日数回程度だったようだ。ホームの番号は国鉄線からの続きで庄川町方面へ向かう下り列車用が3番。石動方面への上り列車用が4番となっていた。
◎加越能鉄道加越線　福野　1962（昭和37）年5月29日　撮影：荻原二郎

正面二枚窓の湘南顔を持つキハ125が加越線の終点駅に佇んでいた。菱枠形の台車を備える中型気動車は1957（昭和32）年製。同年に庄川町駅構内で発生した火災事故により焼失した車両を補充する目的で製造。急遽2両が新製された。
◎加越能鉄道加越線　庄川町　1962（昭和37）年5月29日　撮影：荻原二郎

加越能鉄道 伏木線

高岡軌道線の延伸で支線扱いに

路線DATA

起点：米島口

終点：伏木港

路線距離：2.9km

開業：1948（昭和23）年4月10日

廃止：1971（昭和46）年9月1日

　高岡軌道線の米島口停留場と旧・国鉄（現・JR西日本）氷見線の伏木駅に隣接する伏木港を結んでいた軌道線。

　富山地方鉄道が建設した高岡軌道線の一部として開業した。後に軌道線が米島口停留場～新湊（現・六渡寺）間に延伸すると、伏木までの区間が支線扱いとなった。高岡軌道線は1959（昭和34）年に加越能鉄道へ譲渡された。加越能鉄道は第二次世界大戦後に設立された新会社である。軌道線より早く譲渡された加越線の業績が振るわず、その赤字補填として軌道線が譲渡されたのだ。

　国道415号上に敷かれた併用軌道は、小矢部川を渡ると氷見線の伏木駅前へ続く県道に沿っていた。途中、家並越しに国鉄線を垣間見つつ駅前広場にあった伏木港駅で軌道は途切れていた。

　起点、終点駅が氷見線に隣接しており、高岡軌道線を伏木港まで通して乗る利用客は多くなかった。また支線があるために車両の運用が煩雑になりがちでもあった。国道等の区間が交通障害になると高岡市から指摘を受けた事情もあり、1971（昭和46）年9月1日に伏木線相当区間は廃止された。

昭和戦前期、富山県の新湊町を中心に県下を結ぶ交通機関や市街地、観光地を描いた鳥瞰図で、赤い線で国鉄（現・JR）の北陸本線、城端線、氷見線などが描かれている。注目すべきは黒い線で示された私鉄路線と各線を走る多数の電車の姿である。富山県内には戦前、富山電気鉄道、富山県営鉄道、加越鉄道、黒部鉄道などの私鉄が存在したが、太平洋戦争下の1943（昭和18）年1月1日の交通大統合により、富山地方鉄道（地鉄）に変わった。この地図の中心として描かれている新湊町（現・射水市）には、富山市と結ぶ越中鉄道（後の富山地方鉄道射水線）が存在した。そのうちの一部は、加越能鉄道を経て、現在も万葉線新湊港線として残っている。◎昭和戦前期　所蔵：生田 誠

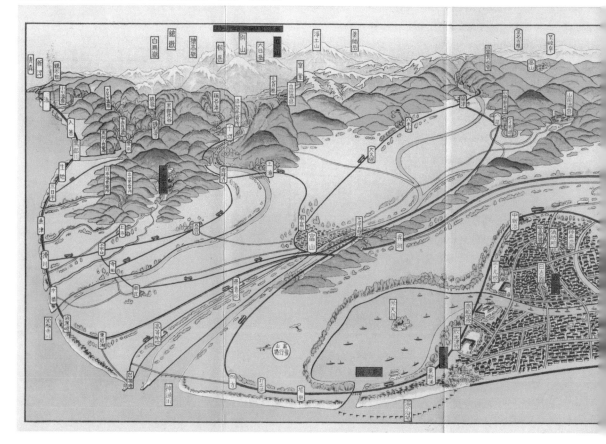

国鉄（現・JR西日本）氷見線の伏木駅前にあった伏木線の終点駅伏木港。路面軌道仕様の電車が発着していたがホーム上には木製の上屋が設けられていた。構内は線路の終端部がアスファルトの中に消える軌道線の終点というよりも地方の鉄道線に似た雰囲気を醸し出していた。◎加越能鉄道伏木線　伏木港　1966（昭和41）年5月4日　撮影：荻原二郎

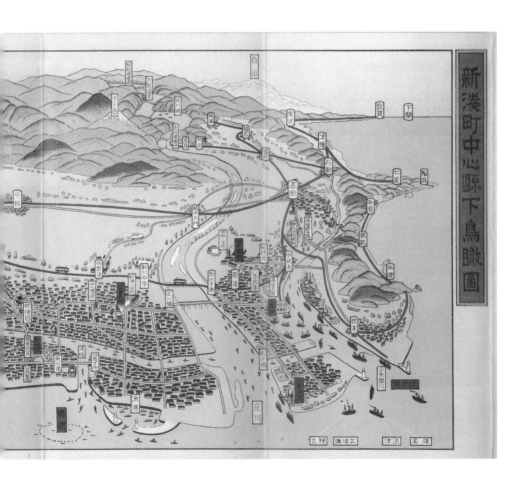

三井金属鉱業 神岡軌道 神岡線

鉱山と神通川流域の平野部を結んだ軌道

路線DATA

起点：猪谷	
終点：神岡町	
路線距離：23.9km	
開業：1910（明治43）年	
廃止：1967（昭和42）年3月31日	

旧・国鉄（現・JR西日本）高山本線、富山鉄道（後の富山地方鉄道）の駅がある笹津から岐阜県下の神岡町（現・飛騨市）にあった神岡町を結んでいた軽便鉄道。

　神岡鉱山で産出する鉱石、硫酸の輸送を目的に当初は専用軌道として建設された。明治期に三井鉱山神岡出張所の所長だった西村小次郎氏が個人名義で鉄道敷設免許を取得。軌間430mmの馬車鉄道を杉山～土間で開業したのが路線の始まりだった。大正期に入って笹津～杉山間が軌間762mm軽便軌道で開通。後に路線は西村氏が運営する神岡軌道へ譲渡された。さらに昭和期に入ってから路線は三井鉱山へ譲渡された。1931（昭和6）年には神通川を渡り、対岸で開業していた飛越線（後の高山本線）猪谷駅へ乗り入れた。それに伴い飛越線との競合区間であった笹津～東猪谷間を廃止した。地元の電力会社である神岡水電へ移譲された時期があったものの、第二次世界大戦前後の長きに亘って三井鉱山が軌道を運営した。なお神岡水電力経営時に接続する坑

道等との統一を図り、軌間は610mmに変更された。戦後には地方鉄道となり猪谷～神岡町で旅客営業を始めた。しかし1950（昭和25）年に敢行された財閥解体で三井鉱山の金属部門が分離されて神岡鉱業（後の三井金属鉱業）となり、鉄道は新会社へ移譲された。

　旅客営業が行われたのは起点が猪谷へ移ってからである。猪谷から右手に大きく曲がった列車はトラス形状の橋脚、桁が組み合わされた橋梁で神通川を渡る。西側車窓を流れる川幅はすぐに狭くなる。軌道はこの先、神通川へ注ぐ高原川を遡って険しい谷を進む。山の斜面へ取り付く様に進む行程では、がけ崩れの後が分かる絶壁沿いを通る区間が散見された。また小規格のトンネル、落石被いが随所にあり沿線の厳しい環境を物語っていた。並行する国道41号も大部分が未舗装だった。車窓の眺めが開け、前方に山肌を削った鉱山が見えると終点の神岡町である。構内には鉱石を運搬する小振りなホッパ車。硫酸を運ぶタンク車等が留置されていた。

　昭和30年代に入り、神通川の対岸に国鉄神岡線を建設する計画が持ち上がった。三井金属鉱業は新線開業を機に厳しい線路規格下で輸送力に乏しかった軌道線の廃止を決定。1962（昭和37）年に旅客営業を取り止めた。その後も営業区間を徐々に縮小し、1967（昭和42）年3月31日に猪谷～茂住間が廃止されて、小さな鉄道は高原川の谷間から姿を消した。

国鉄高山本線の猪谷駅に隣接していた神岡軌道。軌道は画面右手に見える雄大なトラス橋を渡って神通川の対岸へ延びていた。鉱山がある神岡まで山峡の細道を、軌間610mmの小さな列車がそろそろと進んだ。構内に木造車両が佇む様子は廃止から間もない時期に撮影されたものだ。
◎三井金属鉱業神岡軌道　猪谷
1967（昭和42）年5月26日
撮影：荻原二郎

関電トンネルトロリーバス

黒部観光に欠かせなかったトロリーバス

路線DATA

起点：扇沢	
終点：黒部ダム	
路線距離：6.1km	
開業：1964（昭和39）年8月1日	
廃止：2018（平成30）年12月1日	

　長野県大町市の扇沢から全長5.4kmの関電トンネルを経由して富山県下の黒部ダムを結んでいた無軌条電車線。

　立山黒部アルペンルートを訪れる観光客の輸送を目的として1964（昭和39）年より運行を開始した。

北アルプスが雪に閉ざされる12月から翌年4月中旬までは運休していた。関電トンネルは黒部川第四発電所および関連施設を建設するための資材等輸送用に建設された。発電所の竣工後、一般客の輸送手段として活用することとなった。

　トンネル内の運行が大部分となるため、排気ガス等を出さないトロリーバスが採用された。長大トンネルを抜ける唯一の交通機関として長らく親しまれてきたが、車両の老朽化に伴い2018（平成30）年11月30日を以って運行を終了。翌年より同路線は電気バスが運転している。トロリーバスの廃止で扇沢、黒部ダムは駅から停留所となった。

一般車両が通行できない関電トンネル、黒部トンネルを通り、長野県側からの観光客輸送に使用されたトロリーバス。2018（平成30）年まで運転され、翌年から電気バスが代替車両として運行を始めた。トロリーバスの架線電圧は直流600V。軌道を要さない特殊な鉄道であった。◎関電トンネルトロリーバス　扇沢　1972（昭和47）年

牧野和人（まきの かずと）

1962年、三重県生まれ。写真家。京都工芸繊維大学卒。幼少期より鉄道の撮影に親しむ。平成13年より生業として写真撮影、執筆業に取り組み、撮影会講師等を務める。企業広告、カレンダー、時刻表、旅行誌、趣味誌等に作品を多数発表。月刊「鉄道ファン」誌では、鉄道写真の可能性を追求した「鉄道美」を連載する。臨場感溢れる絵づくりをもっとうに四季の移ろいを求めて全国各地へ出向いている。

【写真提供】

荻原二郎、長渡 朗、安田就視、山田虎雄

【絵葉書、沿線案内図の提供・文】

生田 誠

◎尾小屋鉄道　新小松　撮影：山田虎雄

北陸の鉄道
私鉄・路面電車編【現役路線・廃止路線】

発行日……………………2020年3月5日　第1刷　　※定価はカバーに表示してあります。

著者………………………牧野和人
発行者……………………春日俊一
発行所……………………株式会社アルファベータブックス
　　　　　　　　　　　　〒102-0072　東京都千代田区飯田橋2-14-5 定谷ビル
　　　　　　　　　　　　TEL. 03-3239-1850　FAX.03-3239-1851
　　　　　　　　　　　　http://ab-books.hondana.jp/

編集協力…………………株式会社フォト・パブリッシング
デザイン・DTP………柏倉栄治
印刷・製本………………モリモト印刷株式会社

ISBN978-4-86598-858-1 C0026